Schöningh

W0413715

EinFach
Deutsch
Unterrichtsmodell

Uwe Timm

Halbschatten

Von
Christiane Althoff

Herausgegeben von
Johannes Diekhans

Baustein 4: „Wer redet denn da? Ich. Ich. Ich.“ – Erzählhaltung und Erzähltechnik im Roman „Halbschatten“ (S. 42–53) im Modell

4.1	Einstieg	Ges. Buch	Textarbeit
4.1.1	Deduktiver Einstieg zu erzähltheoretischen Aspekten		
4.1.2	Induktiver Einstieg		
4.2	Erzählperspektive/ Erzählerstandort/ Erzählverhalten/ Darbietungsformen	Ges. Buch	Textarbeit
4.3	Erzähltheorie der Gegenwart	Ges. Buch	Textarbeit Schreibauftrag Arbeitsblatt 3
4.4	Das Symbol des Zigarettenetuis	Ges. Buch, bes. S. 242–244	Textarbeit Arbeitsblatt 4/Bildmaterial
4.5	Der Titel „Halbschatten“ und das Ende des Romans	S. 48–49, S. 171	Textarbeit Malauftrag

Baustein 5: „Halbschatten“ im historischen Kontext (S. 54–58) im Modell

5.1	Der Ort der Handlung		Textarbeit Internetrecherche Bildmaterial Arbeitsblatt 5
5.2	Untersuchung einzelner historischer Stimmen	Ges. Buch	Textarbeit Arbeitsblatt 6

Baustein 6: Das Selbstverständnis des Autors Uwe Timm – Biografie und künstlerische Ansprüche (S. 59–63) im Modell

6.1	Der Autor Uwe Timm – das Alter Ego des Ich-Erzählers?	S. 92–94	Textarbeit
6.2	„Erzählen und kein Ende“ – Uwe Timms Selbstverständnis als Autor	Ges. Buch	Textarbeit

Baustein 7: Rezeption des Romans (S. 64–66) im Modell

5.1	Rezensionen verschiedener Zeitungen	Ges. Buch	Textarbeit
5.2	Verfassen einer Rezension	Ges. Buch	Schreibauftrag Arbeitsblatt 7

Halbschatten

Baustein 1: Zugänge zum Roman – Möglichkeiten des Einstiegs (S. 14–19) im Modell			
1.1	Analyse des Erzählanfangs: drei Bilder als Einstieg	S. 7–8	Textarbeit Tafelskizze
1.2	Erfassen der Erzählstruktur: die sprechenden Figuren	Ges. Buch	Textarbeit
1.3	Umschlaggestaltung	Titelbild	Malauftrag Bildmaterial

Baustein 2: Der Aufbau des Romans – ein Choral aus 25 Stimmen (S. 20–28) im Modell			
2.1	Die Gesamtstruktur des Romans	Ges. Buch	Textarbeit
2.2	Die Gestaltung des Ortes der Handlung	S. 7–9	Textarbeit Internetrecherche
2.3	Die realen Figuren aus der Zeit des Nationalsozialismus	Ges. Buch	Internetrecherche Textarbeit
2.4	Die Rahmenstruktur des Romans: der Graue und der Ich-Erzähler	S. 7–17	Textarbeit
2.5	Der Anfang und das Ende des Romans	S. 7–9 und S. 266–267	Textarbeit Arbeitsblatt 1

Baustein 3: „Der Flug ist das Leben wert“ (S. 9) – die Fliegerin Marga von Etzdorf (S. 29–41) im Modell			
3.1	Die reale Person Marga von Etzdorf		Textarbeit Bildmaterial
3.2	Die Nacht mit Christian von Dahlem	S. 19–23	Textarbeit Schreibauftrag Arbeitsblatt 2
3.2.1	Analyse einer Gesprächssequenz zwischen Marga und von Dahlem	S. 48–50, 147–152 S. 210–266 S. 242–244	
3.2.2	Margas Gefühle für von Dahlem – „als habe er einen Blick in mich geworfen“ (S. 49)		
3.2.3	Der Einfluss von Dahlems auf Margas weiteres Leben		
3.2.4	Christian von Dahlem – der Gegenentwurf zu Uwe Timms Vater?		
3.3	Margas Tod in Syrien	S. 49, 151, 176, 216	Textarbeit Schreibauftrag
3.4	Anton Miller und Fräulein Erpenbeck – Kommentierung der Handlung	Ges. Buch	Textarbeit

Bildnachweis:

S. 9: Wikimedia Commons; Bundesarchiv Bild 183-2008-0814-503; © Goruma/Dr. Ramm – **S. 53:** © Besold – **S. 57:** ullstein bild – Bladt; © picture-alliance/Hans-Joachim Rech; ullstein bild – CHROMORANGE/Andreas Pulwey – **S. 67:** Uwe Timm: Halbschatten, Deutscher Taschenbuch Verlag, München 2010; Uwe Timm: Halbschatten, Kiepenheuer & Witsch, Köln, 2008; MMM ((Büchergilde)) – **S. 68:** Bundesarchiv Bild 183-2008-0814-503; Wienbibliothek im Rathaus, Tagblattarchiv Fotosammlung TF 002556 – **S. 69:** Bundesarchiv Bild 183-2008-0814-502; Wikimedia Commons – **S. 72:** picture-alliance/Sodapix AG – **S. 73:** picture-alliance/dpa

www.schoeningh-schulbuch.de
Schöningh Verlag, Jühenplatz 1–3, 33098 Paderborn

Druck A 5 4 3 2 1 / Jahr 2019 18 17 16 15
Alle Drucke der Serie A sind im Unterricht parallel verwendbar.
Die letzte Zahl bezeichnet das Jahr dieses Druckes.

Umschlaggestaltung: Jennifer Kirchhof
Druck und Bindung: westermann druck GmbH, Braunschweig

ISBN 978-3-14-022641-7

Vorwort

Der vorliegende Band ist Teil einer Reihe, die Lehrerinnen und Lehrern erprobte und an den Bedürfnissen der Schulpraxis orientierte Unterrichtsmodelle zu ausgewählten Ganzschriften und weiteren relevanten Themen des Faches Deutsch bietet.
Im Mittelpunkt der Modelle stehen Bausteine, die jeweils thematische Schwerpunkte mit entsprechenden Untergliederungen beinhalten.
In übersichtlich gestalteter Form erhält der Benutzer/die Benutzerin zunächst einen Überblick zu den im Modell ausführlich behandelten Bausteinen.

Es folgen:

- Hinweise zu den Handlungsträgern
- Zusammenfassung des Inhalts und der Handlungsstruktur
- Vorüberlegungen zum Einsatz des Werks im Unterricht
- Hinweise zur Konzeption des Modells
- Ausführliche Darstellung der einzelnen Bausteine
- Zusatzmaterialien

Ein besonderes Merkmal der Unterrichtsmodelle ist die Praxisorientierung. Enthalten sind kopierfähige Arbeitsblätter, Vorschläge für Klassen- und Kursarbeiten, Tafelbilder, konkrete Arbeitsaufträge, Projektvorschläge. Handlungsorientierte Methoden sind in gleicher Weise berücksichtigt wie eher traditionelle Verfahren der Texterschließung und -bearbeitung.
Das Bausteinprinzip ermöglicht es dabei den Benutzern, Unterrichtsreihen in unterschiedlicher Weise und mit unterschiedlichen thematischen Akzentuierungen zu konzipieren. Auf diese Weise erleichtern die Modelle die Unterrichtsvorbereitung und tragen zu einer Entlastung der Benutzer bei.

Das vorliegende Modell bezieht sich auf folgende Textausgabe:
Uwe Timm: Halbschatten. dtv 2010. ISBN: 978-3-423-13848-2

Arbeitsfrage
Einzelarbeit
Partnerarbeit
Gruppenarbeit
Unterrichts-
gespräch
Schreibauftrag
szenisches
Spiel,
Rollenspiel
Mal- und
Zeichenauftrag
Bastelauftrag
Projekt, offene
Aufgabe

Inhaltsverzeichnis

Halbschatten

„Dieser Augenblick, wenn man den Gashebel nach vorne stößt, um der Erde zu entfliehen.“ (S. 54)

„Wir können ein wenig auswählen, vielleicht ein wenig Licht bringen, einen Halbschatten, ein Zwielicht. Nichts ist ganz klar, kaum beugen wir uns über das Geschehene, werfen wir unsere Schatten darauf.“ (S. 171)

„Die Wiederholungen sind das Fürchterliche an der Erinnerung. Es kommt immer wieder dasselbe. Das ist die Hölle. Alles ist für immer fest und getan. Die ewige Gegenwart ist unerträglich.“ (S. 75)

Zotate aus: Uwe Timm: Halbschatten. München: Deutscher Taschenbuch Verlag 2010

Die Hauptpersonen

Der Roman „Halbschatten" ist eine Collage aus Stimmen der Toten des Berliner Invalidenfriedhofs. Der Ich-Erzähler wird von einem Führer (dem „Grauen") über diesen Friedhof geführt und hört so die Stimmen von 25 unterschiedlichen Personen.

Marga von Etzdorf

Die historische Person Marga von Etzdorf (1907–1933) war die erste Frau, die einen Alleinflug von Berlin nach Tokio wagte, und auch die erste Kopilotin der Lufthansa. Im Roman wird ihre tragische Geschichte nach der Landung in Japan 1931 erzählt. Sie verbringt die Nacht mit dem deutschen Diplomaten Christian von Dahlem in dessen Zimmer, allerdings trennt die beiden ein Vorhang und es kommt nur zu intensiven Gesprächen. Marga verliebt sich in von Dahlem, dieser erwidert die Liebe aber nicht. Bei ihrer Abreise schenkt er ihr ein symbolträchtiges Zigarettenetui. Die beiden haben ein Jahr lang keinen Kontakt, dann bietet von Dahlem Marga an, sich an einem Waffenschmuggel nach Syrien zu beteiligen. Marga willigt ein, es kommt aber 1933 in Aleppo zu einer Bruchlandung, bei der Margas Flugzeug stark beschädigt wird. Aus unbekannten Gründen bringt sie sich daraufhin noch am Flughafen von Aleppo um.

Christian von Dahlem

Christian von Dahlem – im Gegensatz zu Marga von Etzdorf eine fiktionale Gestalt – ist 1931 Honorarkonsul in Japan, als Marga dort landet. Zuvor war er im Ersten Weltkrieg als Jagdflieger im Einsatz. Er bietet Marga charmant und weltmännisch sein Zimmer an. Er freundet sich mit ihr an, empfindet aber keine Liebe für sie. Erst 1942 auf einem Heimaturlaub (er ist mittlerweile Hauptmann und führt Aufklärungsflüge in Afrika durch) erfährt er von ihrem Selbstmord. Nach dem Krieg wandert von Dahlem nach Chile aus, dort verliert sich seine Spur.

Anton Miller

Die fiktionale Figur Anton Miller ist Schauspieler und Stimmenimitator. Miller lernt in Japan Marga von Etzdorf kennen, umwirbt sie. Sie wird allerdings nicht seine Geliebte, sondern eine enge Freundin. Marga vertraut ihm ihren Liebeskummer an und schickt ihm kurz vor dem Suizid das Zigarettenetui, das sie einst von von Dahlem bekommen hat. Anton Miller wird – nachdem er den Leiter des Reichssicherheitshauptamtes Heydrich, genau als dieser zur Tür hereinkommt, imitiert hat – ans Fronttheater nach Russland geschickt. In den letzten Kriegstagen ist er wieder in Berlin. In einem Luftschutzkeller wagt er es, einen Witz über Adolf Hitler zu machen. Eine HJ-Streife nimmt ihn mit und erhängt ihn an einer Straßenlaterne.

Inhalt des Romans

Ein Ich-Erzähler (das Alter Ego Uwe Timms?) bucht eine Führung über den Berliner Invalidenfriedhof.
Auf diesem Friedhof liegt zwischen Größen des Nationalsozialismus, Widerstandskämpfern und deutschen Militärgrößen eine Flugpionierin, Marga von Etzdorf. Stutzig, aber auch neugierig macht den Erzähler der frühe Freitod dieser unkonventionellen Frau. Eine Nacht, getrennt durch einen Vorhang, verbringt sie nach ihrem spektakulären Flug nach Japen mit dem weltgewandten, kultivierten Honorarkonsul Christian von Dahlem. Der eigentümliche Zauber zwischen Nähe und Distanz und das langsame Näherkommen beim Erzählen verändern die junge Frau. Sie wird diesen Mann nicht mehr vergessen können. Geschildert wird die Geschichte von Marga, die Tote spricht aus ihrem Grab zum Ich-Erzähler. Kommentiert wird die Geschichte vom Schauspieler Anton Miller, der ebenfalls auf dem Friedhof bestattet ist.
Aber auch die anderen Stimmen auf dem Friedhof beginnen zu sprechen: Insgesamt entsteht eine Stimmencollage aus 25 Stimmen, die mehr oder weniger zuzuordnen sind. Es handelt sich um fiktionale oder historische Personen, die einen Klangteppich weben, in dem sich der Leser zurechtfinden muss. Nur an wenigen Stellen greift der „Graue" – der Führer, der den Erzähler begleitet – erklärend ein. Ansonsten sprechen nur die Akteure für sich.

Vorüberlegungen zum Einsatz des Romans im Unterricht

„Es gibt nicht viele Orte der Geschichte, die so symbolisch sind wie dieser."[1] Und diesem Ort, dem Berliner Invalidenfriedhof, nähert sich der Roman „Halbschatten" von Uwe Timm auf für Schüler zunächst gewöhnungsbedürftige Art und Weise an. Der Chor aus Stimmen erscheint zunächst verwirrend, schwer zuzuordnen und macht das Lesen oft auch mühsam. Das hier vorgelegte Unterrichtsmodell möchte Lehrende wie Lernende aber dazu anregen, die Collage zu entschlüsseln, die unterschiedlichen Handlungsstränge (Liebesgeschichte zwischen Marga von Etzdorf und Christian von Dahlem, die historischen Stimmen der Größen des Nationalsozialismus, die Affäre von Anton Miller und dem Fräulein Erpenbeck, die Friedhofsführung des Erzählers) zu entflechten und sich schließlich von der Dynamik des Buches in den Bann ziehen zu lassen. „Die Kunst des Erzählens ist doch nicht darauf beschränkt, dass einer sich hinstellt und der Reihe nach auspackt, was ihm eingefallen ist."[2] Ein Verständnis dafür zu wecken muss eines der zentralen Ziele des Unterrichts sein.
Möglicherweise schreckt manche Lehrerin/mancher Lehrer vor der Behandlung des Romans genau aus dem Grund zurück: Um die Collage zu entschlüsseln, die Personen zuzuordnen, braucht es etwas „Durchhaltevermögen" beim Lesen, idealerweise liest man den Roman zwei Mal. Beim ersten Lesen lässt man lediglich die Stimmen auf sich wirken, beim zweiten Lesen kann man sie bereits recht gut zuordnen. Ob man dies von Schülern erwarten kann bzw. ob sich diese an diesen Vorschlag halten, ist fraglich. Trotzdem schlägt das vorliegende Unterrichtsmodell vor, die Sprecher im Text farbig zu markieren und dies idealerweise beim zweiten Lesen zu tun. Bei der Bearbeitung des Textes hat man dann bereits einen sehr guten Überblick.
Methodisch gesehen gibt das vorliegende Unterrichtsmodell neben dem notwendigen analytischen Vorgehen viele Anregungen zu Facharbeiten und produktionsorientierten Verfahren, die die Annäherung an den Text und die so unterschiedlichen Figuren motivierend gestalten. Das Modell will an vielen Stellen die textimmanente Sicht verlassen und zu einem Blick über den Roman hinaus anregen. Hier sollen die historischen Figuren näher betrachtet werden (u. a. Reinhard Heydrich); die autobiografischen Züge des Romans werden über eine Auseinandersetzung mit der Person Uwe Timms erarbeitet und auch sehr konträre Rezensionen des Romans stehen im Fokus des Modells.
Am Ende des Modells finden sich eine mögliche **Klausur mit einem ausgearbeiteten Bewertungsbogen (Zusatzmaterial 11,** S. 86 ff.) und weitere Vorschläge zu Klausuren, Referaten oder Facharbeiten (**Zusatzmaterial 12**, S. 90). Generell können jedoch auch viele der in diesem Unterrichtsmodell gestellten Arbeitsaufträge zu geeigneten Klausurthemen ausgeweitet werden.

1 http://www.nzz.ch/aktuell/feuilleton/_buchrezensionen_nichtmehrgueltig/zwischen-himmel-und-hoelle-1.839581, Zugriff am 31.12.2014
2 http://www.zeit.de/2008/42/L-Timm, Zugriff am 10.02.2015

Konzeption des Unterrichtsmodells

Selbstverständlich kann weder der konkrete Unterricht noch das hier vorgestellte Modell annähernd einem Produkt von der sprachlichen und erzählerischen Dichte wie dem Roman „Halbschatten" in allen Facetten gerecht werden. Es ist zwingend, Schwerpunkte zu setzen und exemplarisch zu arbeiten. Das vorliegende Modell setzt dabei verschiedene Akzente: Zum einen wird die Handlung rund um die Fliegerin Marga von Etzdorf recht ausführlich behandelt, besonders weil dieser Handlungsstrang für Schüler sehr greifbar und stringent ist. Zum anderen wird aber auch viel Wert auf die Erarbeitung der Erzählhaltung und -technik gelegt, da diese ungewöhnlich ist und grundlegend für die Entschlüsselung und das Verständnis des Romans. Aber auch die historischen Stimmen und die Einbettung des Romans in den literaturwissenschaftlichen Kontext sollen nicht zu kurz kommen.

Baustein 1 befasst sich mit Möglichkeiten, in die Romanhandlung einzuführen. Zwei Zugänge erfolgen anschaulich über Bilder (Einstiegsbilder des Textes bzw. Umschlagbilder der verschiedenen Ausgaben), der dritte Zugang erarbeitet eine Übersicht über die sprechenden Figuren. Dieser ist sicherlich der mühsamste Arbeitsschritt, der aber für die weitere Romanbearbeitung unerlässlich erscheint.

Baustein 2 versucht dann eine Strukturierung des zunächst verwirrend erscheinenden Chorals. Die Figuren und der Ort der Handlung werden untersucht, zudem wird unterschieden, welche der Figuren real und welche fiktiv sind. Auch die von Timm gesetzte Rahmenhandlung (ein Erzähler bucht eine Führung über den Friedhof) wird in einem Teilbaustein erarbeitet. Am Ende sollte jeder Schüler die Struktur des Romans erfasst haben, um dann tiefer in die Inhalte einsteigen zu können.

Der Handlungsstrang rund um Marga von Etzdorf wird im **Baustein 3** aufgegriffen. Es geht um die reale Figur, also die Romanvorlage für Uwe Timm, die Nacht mit Christian von Dahlem, dessen Schilderung sich durch den gesamten Roman zieht, und auch um ihren mysteriösen Tod, für den Uwe Timm im Roman unterschiedliche Interpretationen anbietet.

Genaue analytische Arbeit und eine Untersuchung der Struktur des Textes steht im **Baustein 4** im Mittelpunkt. Die Schüler sollen die wichtigsten erzähltheoretischen Merkmale erarbeiten: Konzeption und Aufbau der Handlung, die ständig wechselnden Erzählperspektiven, die Varianten in der sprachlichen und stilistischen Form sowie Motive werden als für die Wirkung des Romans konstituierend erkannt.

Baustein 5 beschäftigt sich mit den historischen Figuren des Romans. Hier bietet sich eine Zusammenarbeit mit dem Fach Geschichte an. **Baustein 6** nimmt den Autor Uwe Timm in den Blick. Mithilfe von biografischem Wissen werden autobiografische Züge im Roman erschlossen, danach Inhalte einer Poetikvorlesung von Uwe Timm auf den Roman übertragen.

Im letzten **Baustein 7** bietet das Unterrichtsmodell abschließend unterschiedliche Rezensionen aus Zeitungen an, die sich sehr konträr zum Roman äußern. Die Schüler überprüfen auf der Grundlage ihrer eigenen Texterarbeitung die Aussagen der Rezensenten, um selbst zu einem begründeten Urteil zu gelangen.

Die thematischen Bausteine des Unterrichtsmodells

Baustein 1

Zugänge zum Roman – Möglichkeiten des Einstiegs

Im Baustein 1 soll sichergestellt werden, dass die Schülerinnen und Schüler trotz der ständig wechselnden Erzählperspektiven und der nicht stringend erzählten Handlung in die Thematik hineinfinden. Aus diesem Grund werden drei verschiedene Verfahren zur ersten Begegnung mit dem Roman vorgestellt. Diese bauen nicht aufeinander auf, können also unabhängig voneinander oder sich ergänzend eingesetzt werden. Das erste Verfahren kann vor dem Lesen des Romans eingesetzt werden, Verfahren zwei und drei setzen die Kenntnis des gesamten Romans voraus.
Im Einzelnen geht es um:

- die Analyse des Erzählanfangs: drei Bilder als Einstieg
- Erfassen der Erzählstruktur: die sprechenden Figuren
- die Umschlaggestaltung

1.1 Analyse des Erzählanfangs: drei Bilder als Einstieg

Timm führt mit seinem Erzählanfang zunächst in die Atmosphäre und das Empfinden der Pilotin bzw. des Friedhofsbesuchers ein. Er beschreibt dem Leser drei Bilder (S. 7–8), die zunächst zusammenhangslos nebeneinanderstehen.
Das erste Bild, von dem völlig unklar ist, welcher Sprecher es beschreibt und in welchem Zusammenhang es zu der Handlung steht, beschreibt einen alten Mann, der auf einem Büffel reitet. Er befindet sich in der Natur, vor einem Gebirge. Sein Bart, sein Alter und seine hängenden Beine vermitteln Ruhe, Gelassenheit und Langsamkeit. Dies wird unterstützt von den „zarte[n], den Himmel verschleiernde[n] Wolken" (S. 7).
Das zweite Bild wird wohl von Marga von Etzdorf beschrieben. Es handelt von dem Gefühl beim Aufsteigen am Anfang eines Fluges: „Und jedes Mal stellt sich diese Unruhe ein, beim Eintauchen in das zeitlose Grau, in dem sich schnell das Gefühl für Höhe und Tiefe, für oben und unten verliert." (S. 7) Es beschreibt den „Kick", den das Fliegen ausmacht, und dass damit Nervenkitzel und auch Abenteuerlust verbunden sind.
Damit steht es im deutlichen Widerspruch zum langsamen, ruhigen Bild der Stille, das zunächst erläutert wurde.
Das dritte Bild ist dann die Beschreibung des Erzählers, der zum ersten Mal auf den Berliner Invalidenfriedhof kommt. Der Friedhof entspricht keinesfalls den Vorstellungen, die die Schülerinnen und Schüler gewöhnlich von Friedhöfen haben (gepflegte Gräber, Ruhe, Blumen, Besucher, die sich respektvoll verhalten).

Der Friedhof ist verwildert und gleichzeitig geprägt von den Spuren der Geschichte. Man erkennt noch, dass er genau an der Grenze der beiden deutschen Staaten verlief und Teile des Friedhofs in der Zeit der DDR von Grenzsoldaten für Patrouillen genutzt wurden. Hier denkt der Erzähler direkt an „graue Uniformen, Stahlhelme, Karabinerhaken, ein leises metallisches Klappern, Schäferhunde" (S. 8). Die Zerstörungen auf dem Friedhof sind seit dem Zweiten Weltkrieg nicht beseitigt worden, so sieht er aus, „als wäre der Krieg erst vor Tagen zu Ende gegangen" (S. 8).
Im Erzählanfang zeigt sich somit bereits die Vielschichtigkeit des Romans: die Ruhe des Ortes der Handlung, auch die damit verbundene Melancholie, das Abenteuer des Fliegens und die damit verbundene Leidenschaft der Marga von Etzdorf, das historische Gewicht, die Auseinandersetzung mit der deutschen Geschichte, mit dem Zweiten Weltkrieg und der Teilung Deutschlands.
Gleichzeitig wird hier schon mit den unterschiedlichen Perspektiven gespielt, die zunächst schwer zu entschlüsseln sind.
Es bietet sich an, dass die Lehrperson zunächst den ersten Textabschnitt vorliest, vielleicht sogar zwei Mal, um durch das Hörerlebnis eine stärkere Vorstellung des beschriebenen Bildes zu erlangen.

- *Äußern Sie Ihre Eindrücke zu dem Bild, das nun in Ihrem Kopf entstanden ist.*

So wird dann auch bei dem zweiten Bild vorgegangen.

- *Äußern Sie Ihre Eindrücke und überlegen Sie, wer dieses Bild entwirft.*

Das Bild stammt vielleicht von einem Piloten, jemandem mit Leidenschaft zum Fliegen. Schüler, die das gesamte Buch schon gelesen haben, werden die Frage konkreter beantworten können. Beim dritten Bild erhalten die Schüler bereits vor dem Vorlesen eine Arbeitsfrage.

- *Beschreiben Sie Ihre Vorstellung von einem Friedhof.*

Nach dem Vorlesen werden dann wiederum die Eindrücke zum Bild gesammelt. Durch die Frage vor dem Lesen wird der Kontrast zum beschriebenen ersten Eindruck des Erzählers noch deutlicher.

Die Ergebnisse können in einem Tafelbild, das nach den ungeordneten Äußerungen mit gezielten Fragen entwickelt wird, zusammengefasst werden:

Die Bilder des Erzählanfangs

	1. Bild	2. Bild	3. Bild
Motiv	Natur: Gebirge, Felsen, Bäume, Schnee; alter Mann auf einem Büffel	Wolken, Flieger in verschiedenen Höhen (in Bewegung)	Friedhof, Steine, zerstörte und beschädigte Teile eines Friedhofs, Kriegsschäden, zertretenes Gras, Hinweise auf diktatorische Systeme
Farben	grau, Abendrot	weiß, verschiedene Grautöne	grün, braun
Stimmung	Ruhe, Stille, Langsamkeit, Entspannung	Unruhe, Nervenkitzel, Abenteuerlust?	militärisch, Kälte, Härte, aggressiv

Im Anschluss an diesen ersten Zugang und den gemeinsamen Austausch über die Wirkung erfolgt dann eine detaillierte Analyse der drei Bilder. Dazu ziehen die Schüler nun auch ihren Primärtext hinzu.

- *Welche Themen oder Aspekte, die im Erzählanfang aufgegriffen werden, erscheinen Ihnen zentral?*
- *Beschreiben Sie die Erzählperspektive.*
- *Welche Funktion erfüllt diese Darstellung Ihrer Meinung nach zu Beginn des Romans?*

Die Ergebnisse der Fragen werden z. B. in Gruppenarbeit vorbereitet und dann gemeinsam besprochen. Das Tafelbild wird um folgendes Fazit ergänzt:

➡ Die drei Bilder deuten die Vielschichtigkeit und unterschiedlichen Themen des Romans an (Ruhe und Verbundenheit mit der Natur nach dem Tod, Leidenschaft zum Fliegen, deutsche Geschichte).

1.2 Erfassen der Erzählstruktur: die sprechenden Figuren

Bevor die Schülerinnen und Schüler mit der häuslichen Lektüre des Romans beginnen, sollte die Lehrperson eine kurze Einführung geben. Das ist wichtig, weil die Struktur des Romans und besonders die wechselnde Erzählperspektive zunächst verwirrend sind.
Allerdings werden sich die Schüler schneller einfinden, wenn sie während des Lesens bei jedem Absatz die Erzählperspektive für sich klären, d. h. sich jedes Mal bewusst machen, wer

gerade spricht. Dazu ist es sinnvoll, jeden Absatz farblich zu markieren (z. B. mit einem Rahmen um den Text), dies erleichtert auch die Arbeit im Unterricht erheblich. Ideal wäre es, wenn die Schüler den Text zweimal lesen, im zweiten Schritt könnten dann die folgenden farbigen Markierungen vorgenommen werden, dies kann aber auch bereits beim ersten Lesen erfolgen.
Damit man im Unterricht einfach über die Perspektiven sprechen kann, ist es sinnvoll, sich auf Farben (Textmarkerfarben) zu einigen.

Erzähler und seine Berichte vom „Grauen": orange
Marga von Etzdorf: gelb
Anton Miller: grün
Alle anderen Stimmen: pink

Stimmen, die man überhaupt nicht zuordnen kann, werden zwar mit „pink" markiert, erhalten aber zusätzlich ein Fragezeichen am Rand.
Die Schülerinnen und Schüler legen eine Liste der sprechenden Personen an und notieren jeweils die Seitenzahl, auf der die Person zum ersten Mal auftaucht.

Name der Person	Erstes Auftreten/Sprechen	Fiktion? Ja/nein
Marga von Etzdorf	S. 7	nein
Ich-Erzähler (gibt u. a. Gespräche mit dem „Grauen" wieder)	S. 7	Ja
Anton Miller (Schauspieler)	S. 15	Ja
Ernst Udet (Nazigeneral) (auch: „Saufaus")	S. 27	nein
Hans Eberhard Maikowski (SA-Sturmführer)	S. 28	nein
Reinhard Heydrich (Leiter des Reichssicherheitshauptamtes, „Erfinder der Gegnerkartei")	S. 33	nein
Dolmetscher der japanischen Botschaft (japanische Einschübe, ab S. 153 Auszüge aus der japanischen Zeitung von ihm übersetzt)	S. 39	ja
unbekannter Dichter	S. 57	ja
Friedrich Friesen (Freiheitskämpfer in den Befreiungskriegen, Tod: 1814)	S. 76	nein
ausländische Zitate (nicht zuzuordnen)	S. 78	ja
Wilhelm Staehle (Widerstandskämpfer)	S. 86	nein
Fürsprecher und Gegner Friedrichs II	S. 88/S. 89	ja
Fräulein Erpenbeck (die „Unberührbare")	S. 97	ja
ein Heeresverwaltungsrat + ein Gegner	S. 105/S. 107	
ferne Stimme aus der Zeit Friedrichs II (ferne und morschige Stimme)	S. 108	Ja
Germanist (zuständig für Eindeutschungen in der Nazizeit)	S. 120	ja
Unterscharführer	S. 128	ja

Name der Person	Erstes Auftreten/Sprechen	Fiktion? Ja/nein
Rudolf Berthold (Fliegerhauptmann)	S. 130	nein
Max Liebermann von Sonnenberg (Antisemit, geistiger Vater der „Endlösung")	S. 132	nein
Chaffeur vieler Nazigrößen	S. 133	ja
Arzt	S. 191	ja
Soldat	S. 192	ja
Aufsicht an der Gaskammer im KZ	S. 200	Ja
Flüchtling aus Ostpreußen	S. 259	ja

Ausgewertet wird das Verfahren mit einer Gruppenarbeit:

- *Vergleichen Sie Ihre Liste mit den sprechenden Figuren.*
- *Lassen sich die Figuren bestimmten Gruppen zuordnen? Welche Beziehungen und Konflikte zeigen sich zwischen den Figuren? Entwerfen Sie ein Schaubild, welches die Figurenkonstellation des Romans zum Ausdruck bringt.*
- *Notieren Sie in Ihrer Tabelle die Figuren, die nicht auf einer Fiktion beruhen, sondern bei denen Timm historische Personen zu Wort kommen lässt. (Anmerkung: Dies können Sie über eine Recherche im Internet schnell ermitteln.)*

Die Ergebnisse können von einer Gruppe z. B. auf einer Folie präsentiert werden oder auf ein Plakat übertragen werden, das während des Unterrichtsvorhabens im Kursraum sichtbar bleibt. Als mögliche Gruppen, die man zusammenfassen kann, bieten sich die Vertreter des Nationalsozialismus, ihre Gegner und Menschen aus der Zeit vor dem 2. Weltkrieg an.
Es bleiben aber zahlreiche Passagen, die nicht zuzuordnen sind. Einiges wird sich im Laufe der Erarbeitung der Lektüre klären, andere Gesprächsfetzen bleiben ohne klare Zuordnung des Sprechers, so z. B. auf Seite 17, 127 oder 245.

1.3 Umschlaggestaltung

Der Einstieg in den Roman kann auch in kreativer Form durch das Illustrieren eines Umschlags erfolgen. Da der Roman in verschiedenen Verlagen erschienen ist, sind auch unterschiedliche Titelbilder als Impuls für eine kreative Auseinandersetzung denkbar (**Zusatzmaterial 1, S. 67**) denkbar. Die Lehrperson kann z. B. eine andere Ausgabe mitbringen oder das Titelbild auf Folie kopieren. Durch die individuelle Gestaltung des Umschlags und die nachfolgende Diskussion erfolgt eine erste Auseinandersetzung mit dem Roman und den individuellen Lesarten.

- *Betrachten Sie das Titelbild. Halten Sie es für gelungen? Begründen Sie Ihre Meinung.*
- *Der Roman „Halbschatten" soll aufgrund der hohen Nachfrage in einer Neuauflage erscheinen. Sie werden als Illustrator mit dem Entwurf des Umschlags beauftragt. Entwerfen Sie das Titelbild und begründen Sie Ihren Entwurf.*

Die einzelnen Entwürfe werden im Plenum vorgestellt und diskutiert, um die verschiedenen Facetten der Deutung zu erschließen. Dazu werden die Produkte einzeln vorgestellt und an der Tafel befestigt. In einer anschließenden Phase der Auswertung kann Stellung bezogen werden. Die Lehrperson tritt in dieser Phase zurück, um eine freie Meinungsäußerung der Kursteilnehmer zu ermöglichen. Zum Abschluss bietet es sich an, die verschiedenen Aspekte und Schwerpunktsetzungen (so werden die Schüler unterschiedliche Handlungsstränge als zentral wahrgenommen haben) der Diskussion im Hinblick auf den Roman zu bündeln.
So könnten einige Schüler die Person Marga von Etzdorf in das Zentrum des Romans stellen und das Titelbild der aktuellen dtv-Taschenbuchausgabe angemessen finden. Andere könnten eher die Auseinandersetzung mit den Nationalsozialisten im Zentrum sehen und so ein Symbol dieser Zeit oder Bilder der Propaganda auswählen. Alternativ könnte man auch den Schauplatz – also den Friedhof – oder den symbolischen Titel „Halbschatten", den es natürlich im Laufe des Unterrichts zu thematisieren gilt, z. B. mit einem Schatten spendenden Baum in das Zentrum rücken.

- *Fassen Sie noch einmal die zentralen Aspekte der Auswertung zusammen. Was haben Sie über den Roman erfahren?*

Notizen

Baustein 2

Der Aufbau des Romans – ein Choral aus 25 Stimmen

Schon beim Lesen der ersten Seiten wird deutlich: Dieser Roman hat einen Aufbau, an den man sich beim Lesen nicht nur gewöhnen muss, sondern den man sehr genau untersuchen kann und muss. Dieser Baustein soll den Schülerinnen und Schülern eine Hilfe bieten, sich der zunächst unübersichtlichen Handlung zu nähern und einen Überblick über die Grundstruktur des Romans zu erhalten.

Da sich Timm in seinem Roman nicht auf einen Handlungsstrang konzentriert und zudem eine ungewöhnliche Erzählhaltung umsetzt, wird zunächst ein Blick auf die Gesamtstruktur geworfen. Anschließend werden der Ort (Berliner Invalidenfriedhof) der Handlung, die realen Figuren (außer Marga von Etzdorf, die in Baustein 3 ausführlich behandelt wird) und die Rahmenstruktur (Ich-Erzähler wird von einem Führer über den Friedhof begleitet) untersucht. Die gemeinsame Analyse des Erzählanfangs und des -schlusses öffnen den Blick für die spezifische Erzählstruktur des Werkes.

2.1 Die Gesamtstruktur des Romans

Eine stringente und komprimierte Inhaltserläuterung des Romans ist schwierig. Die Vielzahl der Personen, das häufige Wechseln der Handlungsstränge, dazu die fehlende Stringenz in der Erzählung der einzelnen Personen machen dies nahzu unmöglich. Erst im Laufe des Lesens bzw. mehrmaligen Lesens verdichten sich die Erlebnisse der Personen zu einem Gesamtbild. „Das Einzige, was alle diese Geschichten gemeinsam haben, ist ihre letzte Station: der Invalidenfriedhof."[1]

Die Anordnung und die fehlende Kapitelzählung erschweren den Leseprozess. Somit erscheint es für die Analyse des Romans und das genauere Betrachten einzelner Aspekte notwendig, eine grobe Gliederung und Inhaltserläuterung vorzunehmen. Dies wird bereits z.T. vom vorgeschlagenen Einstieg im Baustein 1.2 geleistet.

Die Schüler haben sich die Lektüre farbig strukturiert, können nun auf einen Blick die Handlungsstränge unterscheiden. Zudem hat jeder Schüler eine Tabelle über das erste Auftreten der sprechenden Figuren. Diese beiden Vorarbeiten stellen hilfreiche Instrumente bei der anschließenden Romananalyse dar.

Diese Vorarbeit kann an dieser Stelle vertieft werden. Die Schülerinnen und Schüler erhalten in Partnerarbeit eine Person zugewiesen, zu der sie die Seitenzahlen des Auftretens zusammenstellen und auch den Inhalt des Gesprochenen zusammenfassen. Folgende Personen können dabei in den Blick genommen werden (die bisher alle in derselben Farbe für „andere Personen") markiert wurden:

- Ernst Udet (der „Saufaus")
- Hans Eberhard Maikowski
- Reinhard Heydrich

[1] Kilb, Andreas: Ein deutsches Requiem. Uwe Timms Roman Halbschatten. In: Kutzmutz, Olaf (Hrsg.): Uwe Timm – lauter Lesarten. Beiträge zur Poetik der Gegenwartsliteratur. Wolfenbüttel 2009, S. 71

- der japanische Dolmetscher
- ein unbekannter Dichter
- Friedrich Friesen
- Wilhelm Staehle
- verschiedene Stimmen zu Friedrich II
- Fräulein Erpenbeck (die „Unberührbare")
- der Germanist
- Rudolf Berthold
- Max Liebermann von Sonnenberg
- der Chaffeur
- die Aufsicht an der Gaskammer
- der Flüchtling aus Ostpreußen

Ob man in dem Kurs alle 16 Personen vergeben möchte oder die Schülerinnen und Schüler nach Interesse nur einzelne Personen auswählen, kann individuell entschieden werden. Werden wirklich alle Personen genauer untersucht, sollte auf eine Präsentationsphase verzichtet werden, die Paare können ein Thesenpapier als Kopiervorlage für alle Kursteilnehmer erstellen. Werden aber nur einzelne Personen untersucht, können die Ergebnisse in kleinen Präsentationen vorgestellt werden. Die Aufgabenstellung lautet jeweils:

- *Stellen Sie die Passagen zusammen, in der „Ihre" Figur spricht. Notieren Sie auch Passagen, in denen nicht eindeutig zuzuordnen ist, ob „Ihre" Figur wirklich der Sprecher ist.*
- *Fassen Sie den Inhalt des Gesprochenen kurz zusammen.*
- *In welcher Beziehung steht Ihre Person zu den anderen sprechenden Personen?*

Der Ich-Erzähler, Marga von Etzdorf und Anton Miller werden hier aufgrund des Umfangs ihrer Auftritte ausgelassen. Zudem tauchen sie in diesem Unterrichtsmodell an anderer Stelle noch ausführlich auf.

Die dritte Arbeitsfrage leitet bereits zu einem nächsten Untersuchungsschritt über: Die Figuren stehen zunächst unverbunden nebeneinander, sprechen zum Ich-Erzähler und zu dessen rätselhaftem Führer. Gleichzeitig beginnen die Figuren aber auch einen Dialog, der sich langsam zu einem immer klareren Bild über die Positionierung in der deutschen Geschichte zusammenfügt. Die Schülerinnen und Schüler erkennen bei der Erarbeitung der Inhalte des Gesprochenen mehr und mehr, dass nicht nur der gemeinsame Friedhof die Toten verbindet. Das gemeinsame Erleben der deutschen Geschichte aus ganz unterschiedlichen Blickwinkeln verbindet die Toten.
In Bezug auf die Hauptfiguren und die Rolle des Erzählers bzw. die Kommentierungen durch seinen Führer wird dies noch genauer zu untersuchen sein. Inwiefern Sprache oder Motive zu Gliederungsprinzipien werden, wird zudem in Baustein 4 aufgegriffen.
Trotzdem bietet sich schon jetzt ein zusammenfassendes Deutungsprinzip an. Es lässt sich festhalten, dass Timm zunächst ungeordnete Episoden der einzelnen Personen nebeneinanderstellt, diese bei genauem Betrachten aber sehr wohl strukturiert sind und ein erzählerisches Arrangement sind, das ein Sich-Zurechtfinden vom Leser fordert.
Impulse für ein Deutungsgespräch können sein:

- *Betrachten Sie den Aufbau des Romans. Was fällt auf?*
- *Lassen sich im Roman Gliederungsprinzipien erkennen?*

- *Wodurch werden die Figuren und Handlungsstränge zusammengehalten?*
- *Wie legt Timm die Gesamtstruktur seines Romans an?*
- *Welche Wirkung hat diese Anlage des Romans auf den Leser?*

Die Ergebnisse des Unterrichtsgesprächs können in Form eines Tafelbildes festgehalten werden:

Die Gesamtstruktur des Romans

- zeitlicher Rahmen (ein Rundgang über einen Friedhof) an einem 2. November (Allerseelen) nach 1989
- Einheit des Ortes (Berliner Invalidenfriedhof)
- 25 Stimmen, die sich zu Figurengruppen zusammenfassen lassen
- verschiedene Handlungsstränge (Rundgang mit einem Touristenführer über den Friedhof, Marga v. Etzdorfs Flüge, ihre Nacht mit Dahlem in Hiroshima, Erlebnisse in der NS-Zeit)
- Rahmenstruktur (Ich-Erzähler der Gegenwart mit dem „Grauen")

➔ zu Beginn des Leseprozesses: Desorientierung des Lesers

mit fortschreitender Lektüre: Entdecken von Strukturen und Verbindungen („Knotenpunkten") zwischen den Figuren

2.2 Die Gestaltung des Ortes der Handlung

Neben der Struktur des Romans ist auch der Schauplatz der Handlung ungewöhnlich: Der gesamte Roman spielt auf dem real existierenden Berliner Invalidenfriedhof. Viele namenhafte Persönlichkeiten, die dort begraben sind, kommen zu Wort. Die Handlung besteht aus einer Führung über diesen Friedhof, die mit dem Schließen der Tore (im Winter schon um 16 Uhr) endet.

Der Friedhof war einst Teil eines Invalidenhauses, das Friedrich II in den Jahren 1747–48 errichtete und in dem Kriegsinvaliden ihren Lebensabend verbringen konnten. Nach den Befreiungskriegen 1813/15 fanden hier vor allem hohe Militärs ihre letzte Ruhestätte, ab Ende des 19. Jahrhunderts auch Zivilpersonen. Die Ausdehnung der Zivilgemeinde hatte zur Folge, dass von den insgesamt 30.000 Beisetzungen etwa ein Drittel dem Invalidenhaus und zwei Drittel der Zivilgemeinde zugeordnet werden mussten. Auf dem heutigen Feld C des Invalidenfriedhofs entstand ein Ehrenplatz für Persönlichkeiten, die in den Befreiungskriegen eine herausragende Rolle gespielt hatten. 1951 wurde der Invalidenfriedhof geschlossen und alle Grabstellen aus der Zeit vor 1925 wurden eingeebnet. Am 13. August 1961, dem Tag des Mauerbaus, befanden sich auf dem Friedhof 3.000 Grabstellen; aufgrund seiner direkten Mauerlage erklärte man große Bereiche zum Grenzgebiet, die Felder E, F und G gehörten zum sogenannten Todesstreifen.

In den folgenden Jahren wurde der Invalidenfriedhof verwüstet, zahlreiche Grabdenkmäler und Gedenksteine abtransportiert, sodass heute nur noch 200 Grabstätten erhalten sind. Der Invalidenfriedhof ist als eine Gedenkstätte zu betrachten; der ehemalige Todesstreifen und alle anderen Spuren der Zerstörung sollen auch in Zukunft zum mahnenden Gedenken erhalten bleiben. In den vergangenen Jahren sind einige charakteristische Friedhofsalleen wieder aufgepflanzt und auch erste bedeutende Gräber vollständig restauriert worden.[1]

Über den Friedhof kann die Lehrperson in einem kurzen Lehrervortrag berichten, alternativ kann dies aber auch in einem Kurzreferat von einem Schüler übernommen werden.
Hat man das Glück, dass der Kurs, mit dem man den Roman „Halbschatten" liest, aus der Nähe Berlins stammt, bietet sich sicherlich eine Exkursion an, die nicht nur den Ort erfahrbar macht, sondern auch einen Bezug zu den historischen Figuren, die in unterschiedlichen Feldern des Friedhofs ihre letzte Ruhestätte haben, herstellt.
Aber auch ohne einen Besuch des Schauplatzes kann man sich im Unterrichtsgespräch über die Atmosphäre des Ortes dem Invalidenfriedhof annähren:

- *Welche Atmosphäre verbinden Sie mit dem Besuch eines Friedhofs?*
- *Lesen Sie noch einmal die Seiten 7–9.*
- *Welche Informationen erhalten Sie über die Atmosphäre des Ortes im Roman zu Beginn des Friedhofsbesuchs? Deckt sich dies mit Ihren Assoziationen zu einem Friedhofsbesuch?*

Die Schüler nennen zur ersten Frage sicherlich die gefühlte Kälte, die Trauer, aber auch die Ruhe des Ortes. Zudem kann ein beklemmendes Gefühl oder eine sehr konkrete Erinnerung mit einem Friedhof verbunden werden.
Diese Eindrücke decken sich mit der Beschreibung des Ortes im Roman. Hinzu kommt aber die besondere Stimmung durch die historische Lage des Invalidenfriedhofs: „Früher war der Friedhof militärisches Sperrgebiet. Die Mauer, die Ost und West teilte, verlief am Ufer des Kanals. Hinter der Mauer waren die Grabsteine für ein freies Schussfeld entfernt und ein Sandstreifen aufgeschüttet worden, sorgfältig geharkt wie in einer japanischen Tempelanlage. Die Spuren sollten Flüchtlinge verraten." (S. 8)
Auch der Stadtführer und die Natur passen sich in diese Atmosphäre ein: „Ein Mann um die fünfzig, hager, das Haar schon grau, ein schmales Gesicht, asketische Falten um Mund und Nase. Ein langer, zerschlissener, auf Taille gearbeiteter Mantel, grau, der ihm ein militärisches Aussehen gibt. [...] Ein später Nachmittag, der mit dem vom Kanal hochziehenden Dunst schon Abend wird. [...] Zwei, drei kleine Kerzen brennen auf dem Friedhof." (S. 8)

Die Ergebnisse können in einem Tafelbild zusammengefasst werden:

Der Ort der Handlung

Atmosphäre: still, kühl, grau, von der Natur und dem Krieg zerstört (S. 7 unten), Wetter/Jahreszeit und der „Graue" als Spiegel dieser Atmosphäre
Historische Einbettung: von Friedrich II gegründet, letzte Ruhestätte vieler NS-Größen, in der Zeit der DDR „Grenzgebiet"

[1] Informationen über den Invalidenfriedhof finden sich in: Demps, Laurenz u. a.: Invalidenfriedhof. Ein Friedhofsführer. Berlin 2003, oder unter: http://www.berlin.de/orte/sehenswuerdigkeiten/invalidenfriedhof/ (Zugriff am 14.10.2014)

Neben diesem zentralen Ort der Handlung berichten die Figuren aber auch über andere Orte, z. B. das Zimmer von Christian von Dahlem, in dem dieser mit Marga von Etzdorf eine Nacht verbringt. Dieser Schauplatz wird aber im Baustein 3 (genauer Abschnitt 3.2) ausführlich behandelt.

2.3 Die realen Figuren aus der Zeit des Nationalsozialismus

Bereits bei der Untersuchung der Gestaltungsprinzipien und der ersten Übersicht über den Roman wurde die Frage nach der Fiktion einzelner Personen gestellt. Auch bei der Untersuchung des Ortes wird natürlich deutlich, dass Timm zahlreiche nicht fiktionale Personen sprechen lässt.

Diese Figuren wecken das Interesse der Schülerinnen und Schüler. Die Schnittmenge zwischen fiktionalem Roman und historischen Tatsachen kann im Unterricht unterschiedlich aufgegriffen werden.

Schülerinnen und Schüler können Präsentationen zu den realen Figuren vorbereiten und diese mit den Aussagen des Romans vergleichen, d. h. untersuchen, wie Uwe Timm die historische Realität in der Literatur verarbeitet hat. Für diese Kleingruppenarbeiten bieten sich folgende Figuren des Romans an:

- Ernst Udet (General im Nationalsozialismus)
- Hans Eberhard Maikowski (SA-Sturmführer)
- Reinhard Heydrich (wohl die bekannteste Person dieser Auflistung, Leiter des Reichssicherheitsamtes, vgl. auch Literaturangabe von Uwe Timm im Roman in der Nachschrift auf S. 268)
- Wilhelm Staehle (dieser sollte als Widerstandskämpfer keinesfalls ausgelassen werden)
- Rudolf Berthold (Fliegerhauptmann in der NS-Zeit)
- Max Liebermann von Sonnenberg (Antisemit, geistiger Vater der „Endlösung“)

Alternativ könnten die Figuren auch in einem fächerübergreifenden Projekt des Geschichtsunterrichts bearbeitet werden. Der Deutschunterricht könnte sich dann auf die Frage der literarischen Umsetzung des historischen Stoffes konzentrieren.
Eine weitere Möglichkeit wäre die Vergabe der Untersuchung der Personen als Facharbeiten. Auch hier muss aber deutlich werden, dass nicht ein „Steckbrief“ einer historischen Person gefordert wird, sondern vielmehr die Frage beantwortet werden muss, wie Timm diese Person in ein literarisches Werk einbindet.
Eine letzte Möglichkeit, die hier nur angerissen und in Baustein 5 aufgegriffen und ausgearbeitet wird, ist die Konzentration auf eine Person. Da Uwe Timm in seiner „Nachschrift“ (S. 268) selbst das Sachbuch über Reinhard Heydrich[1] als zentrales Werk für seinen Roman benennt, können Passagen aus diesem Buch gelesen werden und so kann der beschriebene Charakter mit der literarischen Umsetzung verglichen werden.

1 Dederichs, Mario R.: Heydrich. München 2005

2.4 Die Rahmenstruktur des Romans: der Graue und der Ich-Erzähler

Der Roman „Halbschatten" ist natürlich nicht nur ein Choral aus unterschiedlichen Stimmen der Toten des Berliner Invalidenfriedhofs. Diese Stimmen werden nicht ohne eine Struktur präsentiert, die gleichzeitig auch die eigentliche Handlung ausmacht. Ein Ich-Erzähler möchte mehr über das Leben Marga von Etzdorfs erfahren und hat sich daher an einen (Touristen-?)Führer gewandt, der ihm eine Führung über den Friedhof gibt und sein umfangreiches Wissen über die Toten präsentiert. Zudem ist der Führer in der Lage, die Stimmen der Toten einzuordnen und (für den Leser) zu kommentieren.

Zunächst erhalten die Schülerinnen und Schüler einen vorbereitenden Leseauftrag:

- *Lesen Sie nochmals die Seiten 7–17. Beschreiben Sie den Aufbau des Romaneinstiegs. Was erfahren Sie über den „Grauen"? Was erfahren Sie über den Ich-Erzähler?*

Der Leseauftrag macht nochmals die Rollen der beiden Figuren sehr deutlich: Der „Graue", dessen Namen der Leser nicht erfährt, ist ein gebuchter Stadtführer, der sich als exzellenter Kenner des Ortes erweist. Der Ich-Erzähler hat aus „Neugier" (S. 10) am Tod Marga von Etzdorfs die Führung, an der er ganz allein teilnimmt, angefragt. Der Grund für das Interesse bleibt unklar. Auch erfahren wir über den Erzähler ansonsten nichts (Alter, Aussehen etc.).

Der Anlass der Führung über den Friedhof und der eingeschlagene Weg zum Grab der Pilotin sind für die Romanhandlung der eigentliche „Motor". Sie begründen, warum die beiden sich fremden Männer die Zeit gemeinsam an diesem Ort verbringen. Zudem ermöglicht die Einführung eines Stadtführers das kommentierende Sprechen zu den Stimmen der Toten. Ohne die Erklärungen des „Grauen" wären zahlreiche Aussagen für den Leser unverständlich. Die Rahmenstruktur schafft also auch eine schlüssige Erklärung für die Erläuterungen des Gesagten.

Die beiden Bilder, die vermutlich Marga von Etzdorf zunächst beschreibt (S. 7), werden an dieser Stelle nicht weiter vertieft, die Rahmenhandlung des Friedhofbesuchs beginnt erst im dritten Abschnitt von Seite 7.

Die Ergebnisse werden in einem Unterrichtsgespräch zusammengetragen und schließlich in einem Tafelbild gesichert:

Die Rahmenstruktur des Romans: Der „Graue" und der Ich-Erzähler

Ich-Erzähler: will mehr über Marga v. Etzdorf erfahren, bucht Führung, keine weiteren Informationen (offene Frage: Nähe zu Uwe Timm?)
Der „Graue": unscheinbarer, namenloser Mann um die 50 (S. 8), Stadtführer, umfangreiches Wissen, wird ab S. 15 von Stimmen unterbrochen, hört die Stimmen der Toten und kann sie zuordnen, kommentiert sie für den Ich-Erzähler, besitzt das Zigarettenetui
➡ **Funktion der Rahmenstruktur:** gibt Anlass für den Spaziergang über den Friedhof, der „Graue" kann für den Leser die Stimmen kommentierend erklären

Im Anschluss an dieses Unterrichtsgespräch kann die Rahmenstruktur mithilfe von Baustein 4 vertieft werden (u. a. die Funktion des Zigarettenetuis und das einzige Ergreifen des Wortes durch den Ich-Erzähler (S. 93)), diese Bearbeitung kann aber auch zu einem späteren Zeitpunkt erfolgen.

2.5 Der Anfang und das Ende des Romans

Zur Analyse bietet sich als Zugang ein Vergleich des Erzählanfangs und -endes an (**Arbeitsblatt 1, S. 28**). Generell ist denkbar, die Schülerinnen und Schüler zunächst alleine (z. B. als vorbereitende Hausaufgabe) mit den Texten arbeiten zu lassen. Es ist sinnvoll, die Texte auf Folie zu kopieren und einige Schüler exemplarisch ihre Markierungen festhalten zu lassen. Im Anschluss an die Präsentation erfolgt ein vertiefendes Gespräch, in dem besonders auch die Funktion des Endes herausgestellt wird.

Mögliche Impulse für das Deutungsgespräch bzw. Aufgaben für die vorbereitende Auseinandersetzung:

- *Klären Sie für beide Textauszüge den Sprecher bzw. die Sprecher.*
- *Vergleichen Sie Romananfang und -ende. Markieren Sie Auffälligkeiten.*
- *Welche zentralen Gemeinsamkeiten weisen Erzählanfang und Erzählende auf? Welche Unterschiede stellen Sie fest?*

Der Romananfang wird offenbar von Marga von Etzdorf gesprochen. Sie beschreibt zwei Bilder, die sie beim Fliegen wahrnimmt/erlebt. Die Bilder wurden ggf. schon zum Einstieg (Baustein 1) untersucht, hier können die Schülerinnen und Schüler die Stimmungen und zentralen Farben wiederholend nennen. Diese zwei ersten Bilder lösen beim Leser Abenteuerlust, Lust auf das Leben und Freude an neuen Erfahrungen aus. Sie stehen damit im deutlichen Gegensatz zum Ende des Romans, der den Freitod als Ernüchterung und als letzten Ausweg aus einer niederschmetternden Situation darstellt.
Das Ende des Romans besteht aus drei Teilen. Zunächst benennt der Graue den Tod bzw. Selbstmord Marga von Etzdorfs, danach schildert sie selbst das Erwachen nach der Nacht mit Dahlem. Sie sieht Licht, fühlt sich wie in der Kindheit wohl, spürt die Nähe Dahlems. Sie hat das Gefühl, dass er ihr nähergekommen ist. Es war, „als öffnete sich die Welt" (S. 266), d. h., sie hat das Gefühl, dass etwas Neues beginnt, die Schüler werden vermuten, dass Marga von Etzdorf sich verliebt hat. Sie ist in diesem Moment glücklich.
Im deutlichen Kontrast steht dann der letzte Abschnitt. In einem letzten Dialog unterhalten sich der „Graue" und der Ich-Erzähler nochmals über die Frage, die den Ich-Erzähler vielleicht bewogen hat, überhaupt an den Ort zu kommen: „Der Flug ist das Leben wert?" (S. 267) Es ist unklar, wer diese Frage stellt. Auch die weiteren Sätze können keinem Sprecher eindeutig zugeordnet werden: „Vielleicht. Ich denke, eher nicht. Wer weiß." (S. 267) Der Leser bleibt zurück mit der Unklarheit und erhält im Roman keine eindeutige Antwort auf die Frage, ob die Leidenschaft, mit der Marga von Etzdorf ihrem Hobby nachgegangen ist, den Preis des frühen Tods wert war.
Auch deutet Uwe Timm im letzten Absatz nochmals an, dass die reale Figur Marga von Etzdorf in seinem Roman um viele Spekulationen angereichert wurde. „So könnte es gewesen sein, sagt der Graue." (S. 267) Hier wird nochmals deutlich, dass der Selbstmord nicht eindeutig geklärt ist, dass die Geschichte des Romans nur eine mögliche Deutung ist.

Die Ergebnisse dieser Überlegungen können in einem Tafelbild zusammengefasst werden:

Romananfang und Romanende im Vergleich

Romananfang		Romanende
• Bilder von Abenteuerlust, Lust auf das Leben, Freude an neuen Erfahrungen	→ Kontrast ←	• selbst gewählter Tod • Ausweglose Situation
• Sprecherin vermutlich Marga, Fliegen als Erfüllung	Leser bleibt ratlos und ohne klare Antworten, das Anfangsbild wird infrage gestellt.	• Sprecher im letzten Abschnitt unklar • mögliche Fiktionen, Interpretationen werden angedeutet („So könnte es gewesen sein", S. 267) • Wer fragt: „Ist der Flug das Leben wert?"
• Gefühl der Begeisterung, Euphorie	→Kontrast ←	• Gefühl der Kälte und Trauer am Ende bleibt beim Leser („Winterzeit. Das Tor wird gleich geschlossen.", S. 267)

Der Leser bleibt etwas ratlos, ohne klare Antworten zurück. Gleichzeitig stellt sich ihm die Frage, ob eine Leidenschaft es wert ist, dafür sein Leben hinzugeben („Der Flug ist das Leben wert?", S. 267). Mit dieser Frage bleibt der Leser mit dem Ende des Romans endgültig und vielleicht mit einem frostigen, enttäuschten Gefühl zurück. Dieses Gefühl fassen die zwei letzten Sätze des „Grauen" in Worte: „Winterzeit. Das Tor wird gleich geschlossen." (S. 267)

- *„Das erste Kapitel ist immer die Hauptsache und in dem ersten Kapitel die erste Seite, beinah die erste Zeile [ ]; bei richtigem Aufbau muss in der ersten Seite der Keim des Ganzen stecken." (Theodor Fontane in einem Brief an Karpeles vom 18.08.1880) Erläutern und prüfen Sie das Zitat Fontanes vor dem Hintergrund des Erzählanfangs des Romans „Halbschatten".*
- *Der Ich-Erzähler bucht aus Neugierde an der Person Marga von Etzdorf eine Führung über den Friedhof. Wird seine Neugier befriedigt?*

Der Romananfang orientiert sich keinesfalls an den Ideen Fontanes, sondern entwirft eher ein Gegenbild zum ernüchternden Ende des Romans. Dieses gibt dann auch keine Antworten für den Ich-Erzähler bzw. den Leser, sondern wirft vielmehr neue Fragen auf, die den Leser alleine zurücklassen. Metaphorisch wird das „Tor" „gleich geschlossen" (S. 267), sodass der Einblick in die Welt Marga von Etzdorfs endgültig beendet ist und der Leser (bzw. der Ich-Erzähler) sich mit der Antwort „So könnte es gewesen sein" (S. 267) begnügen muss.

Romananfang und -ende im Vergleich

Romananfang

EIN GEBIRGE, aufgetürmt, schroffe Felsen, blaugrau, der eingeschnittene, zum Gipfel führende Weg, ein helles Braun, auf dem Weg ein Büffel, den ein Mann reitet, die Beine seitlich herabhängend. Alt ist der Mann, mit einem grauen langen Bart. Beide, der Mann und der Büffel, blicken in das Tal. Auf mittlerer Höhe Bäume, Kiefern, die Kronen heben sich von dem abendroten Himmel ab. Dort die Wolken, zarte, den Himmel verschleiernde Wolken. Es ist ein Bild der Ruhe, ein wenig bewegt von einem Licht, das von außen hereindringt.
Wie kompakt das Weiß von hier aus wirkt, und wie das Weiß, je näher es kommt, zerfasert, durchsichtiger wird. Und jedes Mal wieder stellt sich diese Unruhe ein, beim Eintauchen in das ziellose Grau, in dem sich schnell das Gefühl für Höhe und Tiefe, für oben und unten verliert. Feuchtigkeit, sichtlose Kühle, dann, langsam, wird das Grau heller, und plötzlich dieses Blau der Tiefe.

Romanende

Kurz darauf fallen zwei Schüsse.
Gegen Morgen muss ich eingeschlafen sein, sagt sie, es war ein Moment, in dem wir beide schwiegen. Als ich aufwachte, sah ich einen Lichtstreifen, einen schmalen Sonnenstreifen auf dem Holzboden. Und ich sah den Raum, sah in mich hinein, in dieser Stille, bis ein Hahn krähte, und es war, als öffnete sich die Welt.
Dieser Hahn rief wie aus dem fernen Ort meiner Kindheit.
Deutlich hörte ich jetzt seinen Atem, als hätte er sich näher an den Vorhang gelegt.
Der Flug ist das Leben wert?
Vielleicht.
Ich denke, eher nicht.
Wer weiß.
So könnte es gewesen sein, sagt der Graue.
Es ist spät geworden. Sie müssen jetzt gehen. Winterzeit. Das Tor wird gleich geschlossen.

Aus: Timm, Uwe: Halbschatten. München: Deutscher Taschenbuch Verlag 2011, S. 7 und S. 266–267

1. *Klären Sie für beide Textauszüge den Sprecher bzw. die Sprecher.*
2. *Vergleichen Sie Romananfang und -ende. Markieren Sie Auffälligkeiten.*
3. *Welche zentralen Gemeinsamkeiten weisen Erzählanfang und Erzählende auf? Welche Unterschiede stellen Sie fest?*
4. *„Das erste Kapitel ist immer die Hauptsache und in dem ersten Kapitel die erste Seite, beinah die erste Zeile [ ]; bei richtigem Aufbau muss in der ersten Seite der Keim des Ganzen stecken." (Theodor Fontane in einem Brief an Karpeles vom 18.08.1880) Erläutern und prüfen Sie das Zitat Fontanes vor dem Hintergrund des Erzählanfangs des Romans „Halbschatten".*
5. *Der Ich-Erzähler bucht aus Neugierde an der Person Marga von Etzdorf eine Führung über den Friedhof. Wird seine Neugier befriedigt?*

Baustein 3

„Der Flug ist das Leben wert" – die Fliegerin Marga von Etzdorf

Der Roman „Halbschatten" verfolgt zwei Erzählstränge: Zum einen wird die Geschichte Marga von Etzdorfs erzählt, zum anderen gibt es den Chor aus vielen – manchmal fast verwirrenden – Stimmen, die die private Geschichte der Fliegerin um einen historischen Teil ergänzen.
In diesem dritten Baustein soll es um den ersten Erzählstrang gehen, der auf der Lebensgeschichte der nicht fiktiven Figur Marga von Etzdorf beruht. Sie war Tochter eines preußischen Obersten und Enkelin eines Generalmajors, wurde im Juni 1933 auf dem Invalidenfriedhof begraben. Sie war eine der ersten deutschen Kunstfliegerinnen und weltweit eine der ersten Pilotinnen, denen Interkontinentalflüge gelangen. Am 28. Mai 1933 erschoss sie sich nach einer Bruchlandung auf dem syrischen Feldflugplatz Mouslimieh bei Aleppo im Alter von 25 Jahren.
Wie es genau zu dem Suizid gekommen ist, bleibst historisch ungeklärt, wird von Timm aber literarisch angedeutet: Timm stellt der authentischen Figur mehrere fiktive Figuren an die Seite, die das Leben der Fliegerin mit dem Panorama der deutschen Geschichte verbinden. Margas Geschichte bildet den Mittelpunkt des Romans. Die drei weiteren (fiktiven) Hauptpersonen kommen im Verlauf der Handlung mit ihr in Berührung: der deutsche Handelsattaché in Japan, Christian von Dahlem, den die Pilotin bei ihrer Landung in Hiroshima kennenlernt; der Schauspieler und Kabarettist Anton Miller, mit dem sie eine freundschaftliche Beziehung unterhält, und dessen Geliebte, die Sekretärin Fräulein Erpenbeck – ihr Vorname wird nie genannt –, die vor ihrer Bekanntschaft mit Miller ein kurzes Techtelmechtel mit Reinhard Heydrich erlebt hat.
Diese drei Figuren stellen die Verbindung zwischen dem Leben von Marga von Etzdorf und der Geschichte her.

Im vorliegenden Baustein soll es zunächst um die historische Figur Marga von Etzdorf gehen (3.1), danach um ihre Nacht mit Christian von Dahlem (3.2), in der die beiden in Japan intensive Gespräche – nur getrennt durch einen Vorhang – führen, es aber zu keiner körperlichen Annäherung kommt. In dieser Nacht verliebt sich Marga von Etzdorf in den Diplomaten, aus dieser fiktiven Liebe entwickelt Timm einen Begründungszusammenhang für den Selbstmord der Fliegerin. Dieser Selbstmord und die möglichen Ursachen werden im 3. Teil des Bausteins beleuchtet. Im letzten Teil geht es dann um die Rolle von Anton Miller und dem Fräulein Erpenbeck, die sich im Roman – anders als von Etzdorf und Dahlem – mehrfach auch direkt an den Friedhofsbesucher, seinen Führer und somit auch an den Leser wenden.

3.1 Die reale Person Marga von Etzdorf

Ein erster Zugang zur Person erfolgt über drei Fotos (**Zusatzmaterial 2**, S. 68f.), die die junge Frau Marga von Etzdorf zeigen. Die Bilder werden entweder kopiert oder als Folie an die Wand projiziert. Die Schüler beschreiben die Fotos und erfassen die Stimmungen. Es wird deutlich, dass in Margas Blick Leidenschaft für die Fliegerei und Stolz zu sehen sind. Gleichzeitig wird ihr burschikoses Äußeres deutlich, außer im dritten Bild wirkt sie wenig weiblich. Der Grabstein bekräftigt mit seinem Spruch die Leidenschaft zum Fliegen und regt ggf. schon zu Diskussionen an (War das Fliegen die Ursache für den Tod?). Sicherlich fällt den Schülern aber auch auf, wie jung von Etzdorf verstorben ist.

Mögliche Impulse für die Betrachtung der Fotos:

- *Welchen Eindruck haben Sie von der dargestellten Frau?*
- *Beschreiben Sie die Frau.*
- *Welche Gedanken gehen der Frau auf dem ersten Bild wohl gerade durch den Kopf? Verfassen Sie einen inneren Monolog.*

Im Folgenden könnte die Lehrkraft einen kurzen Vortrag über das Leben der historischen Figur geben. Dies kann aber auch als Referat an einen Schüler bzw. eine Kleingruppe vergeben werden. Die Schüler stellen lediglich die historischen Fakten vor, diese sind im Internet leicht recherchierbar; alternativ könnte ihnen das kleine Buch „Marga von Etzdorf – Die tragische deutsche Fliegerin“ von Ernst Probst[1] empfohlen werden.
Nach der Präsentation wird im Unterrichtsgespräch nochmals zusammengetragen, was die Person ausmachte.

- *Was ist Ihnen aus dem Vortrag Bemerkenswertes in Erinnerung geblieben?*

Hier nennen die Schüler wahrscheinlich die ungewöhnliche Berufswahl, die bedingungslose Liebe zum Fliegen, evtl. auch die heimische Vorbereitung auf die Verkehrsfliegerprüfung (da Frauen zum theoretischen Unterricht nicht zugelassen waren) und auch der finanzielle Kampf, immer wieder fliegen zu können. Natürlich sind auch die vielen Rückschläge, u.a. verursacht durch Flugfehler, bemerkenswert. Diese haben evtl. Ende Mai 1933 zu ihrem Selbstmord in Syrien geführt.

3.2 Die Nacht mit Christian von Dahlem

Vom Privatleben Marga von Etzdorfs ist nicht viel überliefert. Man weiß um ihre enge Beziehung zu den Großeltern, bei denen sie aufwuchs und die ihr den Traum vom Fliegen (finanziell) ermöglichten. Von einem Lebensgefährten, einem Geliebten ist nirgendwo die Rede.
Uwe Timm reichert diese historischen Fakten um fiktives Material an und schafft somit auch neue Deutungsmuster für den Selbstmord der jungen Pilotin. Die Frage nach den wahren Gründen ist bis heute historisch nicht beantwortet.
Timm erfindet für den Roman die Figur Christian von Dahlem: Er arbeitet als deutscher Diplomat in Japan und ist bei der Begrüßung von Etzdorfs Ende August 1931 in Hiroshima anwesend. „In der Gruppe der Europäer war ihr sofort der große schlanke Mann aufgefal-

1 Probst, Ernst: Marga von Etzdorf. Die tragische deutsche Fliegerin. GRIN – Verlag für akademische Texte. Nr. V145178. Norderstedt 2010

len“ (S. 16). Er wird als Lebemann, etwas versnobt und ehemaliger Kriegsflieger vorgestellt. Nach der Ankunft bietet er Marga von Etzdorf sein Zimmer, in dem von Dahlem bei japanischen Bekannten untergebracht ist, als Übernachtungsmöglichkeit an. Sie nimmt das Angebot an, lehnt es aber ab, dass von Dahlem auf dem Gang schlafen muss. So verbringen beide – getrennt von einer grauweißen Stoffbahn – die Nacht gemeinsam in dem Zimmer. Die beiden sprechen lange, ohne dass die magische Nacht zu körperlicher Liebe führt. Marga verliebt sich in den Diplomaten, dieser ist aber vergeben. Selbst beim Durchschieben eines Zigarettenetuis und eines Feuerzeugs berühren die beiden sich nicht.

3.2.1 Analyse einer Gesprächssequenz zwischen Marga und von Dahlem

Da sich das Gespräch zwischen Marga und von Dahlem in Splittern durch den gesamten Roman „Halbschatten“ zieht, soll zunächst eine Szene ausführlich analysiert werden, bevor dann im Abschnitt 3.2.3 und 3.2.4 die Gesamthandlung genauer in den Blick genommen wird.

Die Schüler erhalten folgende vorbereitende (Haus-)Aufgabe:

- *Lesen Sie nochmals die Seiten 19 bis 23 (Zeile 2). Machen Sie sich Stichworte zur Beschreibung der Situation, zum Verhalten Margas, von Dahlems und zum Verhältnis der beiden.*

In der ausgewählten Passage erfährt der Leser, wie Marga von Dahlem zu seinem Zimmer bei einem befreundeten Japaner begleitet, um dort übernachten zu dürfen. Von Dahlem möchte auf dem Gang schlafen und Marga das Zimmer überlassen. Marga lehnt dies ab, zwei Bedienstete teilen das Zimmer mit einem großen Vorhang und bringen eine zweite Matte für den Gast. So legen sich die beiden füreinander nicht sichtbar zum Schlafen. Es beginnt eine gemeinsame Nacht, die sich durch den gesamten Roman zieht und mit dem Erwachen am Morgen nach einem kurzen Einnicken („Gegen Morgen muss ich eingeschlafen sein, sagt sie, es war ein Moment, in dem wir beide schwiegen.“, S. 266) endet.
Auf den vorliegenden Seiten 19–23 wird zunächst das japanisch eingerichtete, sehr schlichte Zimmer beschrieben. Die Atmosphäre wirkt sehr ruhig, vertraut und durch die Lichtverhältnisse geborgen: „Draußen war ein starker Wind aufgekommen, und das Rauschen der Bäume war wie das Brechen von Wellen, und leise, sehr sacht, schwankten die Lampen.“ (S. 21)
Marga fühlt sich in seiner Anwesenheit sehr wohl, wünscht sich zunächst engeren Kontakt, findet dann aber das bloße Sich-Hören-Können sehr angenehm. Es wird sehr deutlich, dass Marga den Mann anziehend und attraktiv findet, sich offenbar in ihn verliebt. Dies zeigt sich bereits zu Beginn der Nacht: „Allein, dass er da sein würde, war beruhigend.“ (S. 21) „Auch sonst, er gefiel mir auf den ersten Blick […].“ (S. 22)
Marga ist im Umgang mit von Dahlem zunächst etwas unsicher, sie traut sich z. B. nicht, offen Fragen zu stellen („Ich wollte ihn fragen, was, verbot es mir aber.“, S. 21), auch überlegt sie kurz, ob sie sich nochmals zusammensetzen sollen, fragt dies aber nicht. So bleiben beide hinter dem Vorhang. Gleichzeitig erkennt Marga eine Seelenverwandtschaft und hat das Gefühl, dass die Beziehung zu von Dahlem eine besondere ist („Es war, als hätte er meine Gedanken erraten […].“, S. 21).
Ob von Dahlem für Marga auch etwas empfindet, bleibt unklar. So ist auch offen, ob die Berührung der beiden beim Durchreichen des Zigarettenetuis (S. 22) zufällig oder eine bewusste (erotische?) Geste ist. Als Marga ihm allerdings anbietet, dass er sie im Flugzeug nach Tokio begleitet, lehnt er ohne das Nennen von klaren Gründen ab. Der Leser ahnt hier bereits eine Asymmetrie in der Beziehung.

Die Ergebnisse der vorbereitenden Aufgabe zu den Seiten 19–23 können in einem Unterrichtsgespräch zusammengetragen werden oder in Kleingruppen zunächst diskutiert werden. Die Kleingruppen erhalten dann die folgenden Fragen (oder arbeitsteilig jeweils eine der Fragen, die anschließend vorgestellt werden muss):

- *Beschreiben Sie den Raum und seine Atmosphäre.*
- *Wie verhält sich Marga gegenüber von Dahlem? Erläutern Sie die Gründe für dieses Verhalten.*
- *Wie verhält sich von Dahlem gegenüber Marga? Stellen Sie Vermutungen an: Was denkt er über sie?*

Die Ergebnisse können in einem Tafelbild zusammengefasst werden:

Marga und von Dahlem – Beginn der gemeinsamen Nacht (S. 19–23)

Situation:

- keusch
- keine körperliche Nähe
- trotzdem sehr vertraut und geborgen

Marga:

- spürt Anziehung zu von Dahlem
- schüchternes Sich-Verlieben

von Dahlem:

- seine Gefühle bleiben dem Leser unklar
- lehnt aber Flugangebot ab (Distanzierung?)

➡ Leser ahnt bereits, dass Marga sich (unglücklich) verlieben wird

3.2.2 Margas Gefühle für von Dahlem – „als habe er einen Blick in mich geworfen“

Nachdem nach der genauen Erarbeitung der 1. Szene im Zimmer von Christian von Dahlem bereits deutlich geworden ist, dass Marga sich verliebt und diese Liebe aber wohl nicht erwidert wird, sollen nun mehrere Textstellen zu der gemeinsamen Nacht arbeitsteilig erschlossen werden. In Kleingruppen (oder als vorbereitende Hausaufgabe) erhalten die Schülerinnen und Schüler die folgenden Arbeitsaufträge:

- *Lesen Sie die Seiten 48 (Mitte) bis 50 (bis Zeile 7). Erarbeiten Sie eine Charakterisierung Margas in dieser Situation. Untersuchen Sie auch die sprachliche und erzählerische Gestaltung der Szene. Stellen Sie Ihre Ergebnisse dem Kurs vor.*
- *Lesen Sie die Seiten 147 (Mitte) bis 151 (Mitte). Erarbeiten Sie eine Charakterisierung Margas in dieser Situation. Untersuchen Sie auch die sprachliche und erzählerische Gestaltung der Szene. Stellen Sie Ihre Ergebnisse dem Kurs vor.*
- *Lesen Sie die Seiten 151 (Mitte) bis 152. Erarbeiten Sie eine Charakterisierung Margas in dieser Situation. Untersuchen Sie auch die sprachliche und erzählerische Gestaltung der Szene. Stellen Sie Ihre Ergebnisse dem Kurs vor.*

In allen drei ausgewählten Passagen wird deutlich, dass Marga sich immer mehr in von Dahlem verliebt, dieser aber distanziert ist. In der ersten Textstelle wird deutlich, welche Sehnsüchte Marga in sich trägt, wie einsam sie ist und wie sehr sie auf der Suche ist. Gleichzeitig spürt Marga (oder bildet sich ein?), dass von Dahlem sie genau versteht und ihre Psyche erkennt:

„als habe er einen Blick in mich geworfen" (S. 49). Ob dies wirklich so ist oder ob der Mann einfach nur den japanischen Raum beschreibt, bleibt offen. Die Metapher, die Marga in der Beschreibung sieht, könnte also von von Dahlem gar nicht als als eine solche gemeint sein.
Die zweite Arbeitsgruppe wird herausarbeiten, dass von Dahlem sehr offen über eine Liebschaft in Berlin erzählt, die er mit der Frau eines Freundes hatte. Er berichtet, dass ihn das Sprechen befreie („Es sei alles derart fern, zumindest räumlich, dass es vielleicht gut sei, einmal darüber zu reden.", S. 148). Er erzählt sehr detailliert und emotional aufgewühlt von dem Begehren, dass er dieser Frau gegenüber gespürt hat und offensichtlich auch noch spürt. Marga ist durch die Erzählung verletzt und verunsichert („wie unsicher meine Stimme durch den angehaltenen Atem war", S. 151), wird ihr doch klar, dass der Mann, in den sie sich gerade verliebt, sie wohl nicht als begehrenswerte Frau, sondern eher als Vertrauensperson wahrnimmt. Besonders schmerzhaft erscheint die Geschichte, da Marga sie ja nun selbst erzählen muss und auch das von von Dahlem Gesagte immer von ihr in indirekter Rede wiedergeben wird. Von Dahlem selbst ist ja nicht als Berichtender auf dem Berliner Friedhof anwesend.

Obwohl der Leser zu diesem Zeitpunkt bereits weiß, dass von Dahlem die Empfindungen Margas nicht teilt, scheint Marga immer noch darauf zu hoffen, von von Dahlem begehrt zu werden. Fast naiv erscheint ihre Äußerung (nachdem sie erfahren hat, dass die ehemalige Geliebte von von Dahlem lange Haare hatte): „Und ich nahm mir vor, mein Haar, das ich kurz geschnitten trug, wachsen zu lassen." (S. 151) Hier wird deutlich, dass Marga in der Beziehung die Unerfahrene, wohl auch die Unterlegene ist.
Bestärkt wird dies nochmals in der dritten Textpassage: „Darf ich, sagte er, Sie um etwas bitten? Gern. Und dieses Gern kam viel zu schnell und viel zu laut. Sei ruhig mein Herz, sagte ich mir. Sei ruhig." (S. 152) Sie ist dann sehr enttäuscht, als er sich nur ein Lied von ihr wünscht („Ich hatte in dem Moment andere Wünsche mir gewünscht. Zusammen sein. Berührung. Berührungen. Obhut.", S. 152).
Auch hier wird deutlich, dass Marga von Dahlem begehrt, bereit ist, sich hinzugeben, während er noch den Gedanken an die ehemalige Geliebte nachhängt. Nach dem sehnsüchtigen Lied von Marga berichtet er ihr dann von der schmerzvollen Trennung (ab Seite 156). Hier wird deutlich, dass er keinen Moment lang an eine Liebe zu Marga gedacht hat.

Die Ergebnisse der Gruppenpräsentationen können in einem Schaubild zusammengefasst werden.

Die Beziehung zwischen Marga und von Dahlem

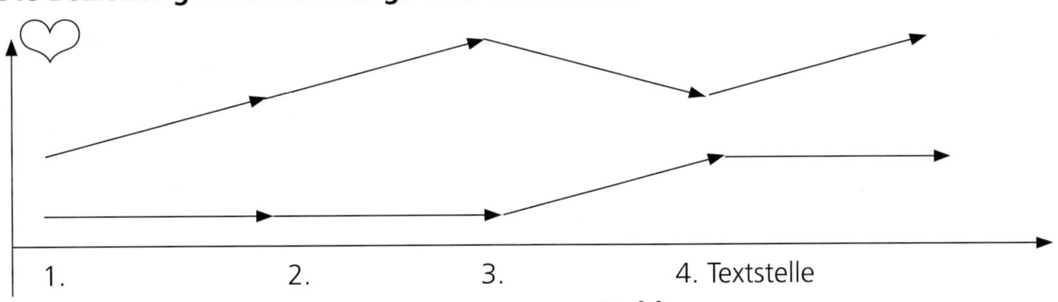

Marga:
1. verliebt sich
2. fühlt sich seelenverwandt, empfindet Begehren
3. und 4. Enttäuschung über nicht erwidertes Begehren

von Dahlem:
1–2. Sympathie, Vertrauen, sich aussprechen, evtl. Freundschaft, kein körperliches Begehren, keine Andeutungen von Erotik oder gar Liebe
3–4. aber: Vertrauen steigt, er erzählt von der Geliebten

Die erste Textstelle haben alle Kursteilnehmer im Baustein 3.2.1 untersucht, bei den drei anderen Textstellen können jeweils die Schüler Vorschläge für die Kurve machen, die die Textstelle nicht untersucht haben, die „Experten" für die Passage ergänzen dann.

3.2.3 Der Einfluss von Dahlems auf Margas weiteres Leben

Christian von Dahlem ist im Roman eine fiktive Gestalt. Der Einfluss, den er auf das Leben der realen, historischen Figur Marga von Etzdorf gehabt haben soll, ist also eine Fiktion, die Uwe Timm im Roman „Halbschatten" aufbaut. Er gibt damit einen anderen Blick auf die weitere Entwicklung der Person Marga von Etzdorf und besonders auf den von ihr gewählten Freitod in Syrien.
Zunächst muss im Unterricht das weitere Leben Margas nach der Nacht mit von Dahlem zusammengestellt werden. Da der Roman nicht chronologisch berichtet, ist dies etwas aufwendiger.

Die Schüler erhalten als Hausaufgabe den Auftrag, den Roman ab Seite 19 nochmals „querzulesen", jeder Schüler kann z. B. 10 Seiten zugeteilt bekommen, um zusammenzustellen, was Marga nach der Nacht mit von Dahlem bis zu ihrem Tod passiert. Dann entsteht in der folgenden Stunde auf einer Folie diese Übersicht:

Margas Leben nach der Nacht mit von Dahlem

Seite	Ereignis
S. 210	Marga bleibt – auch wegen von Dahlem – noch einige Tage in Japan, Abschiedsgeschenk: das Zigarettenetui
S. 217	Aufenthalt in Hongkong
S. 218	Unfall in Bangkog beim Start, einige Wochen Krankenhausaufenthalt
S. 219	Rückkehr mit einer Linienmaschine nach Europa = tiefe Niederlage
S. 226	von Dahlem besucht sie in Berlin, gemeinsames Essen, Küsse und Berührungen
S. 228	von Dahlem bietet Marga Waffentransport an
S. 230	Treffen mit Hauptmann Heymann, konkretes Angebot, eine Waffe zu schmuggeln
S. 232	Marga sagt den Waffenschmuggel zu
S. 233	Vorbereitungen und zusätzlich Kameraschmuggel
S. 251	Abflug nach Aleppo
S. 264	Bruchlandung in Aleppo (durch Anfängerfehler)
S. 265	Marga verschickt Etui an Miller
S. 265–266	Selbstmord: „Sie wird an Dahlem gedacht haben. [...] Eine verbotene unplombierte Filmkamera und die Maschinenpistole. Auch das wird sie beschäftigt haben, was die Folgen wären." Grund: Liebeskummer? Angst vor Enttarnung?

3.2.4 Christian von Dahlem – der Gegenentwurf zu Uwe Timms Vater?

Als Einstieg werden zunächst mündlich die bisherigen Informationen zu Christian von Dahlem gesammelt.

- *Stellen Sie zusammen, was Sie über Christian von Dahlem wissen.*
- *Beschreiben Sie Ihren Eindruck von der Figur. Welche Charakterzüge sprechen Sie ihm zu?*

Die Schüler werden hier (ggf. mit Textbelegen) ihn als schicken Diplomaten (S. 16) beschreiben, der besonders durch sein offenes Lachen auffällt (S. 16). Er ist großzügig (bietet Marga direkt sein Zimmer an), spricht offenbar fließend Japanisch (S. 20). Er ist z. B. bei Miller sehr beliebt. Zudem ist er sehr weltgewandt und zugleich versnobt: „gutes Essen, französischen Champagner, englische Anzüge, geschneiderte Seidenhemden, sammelte es Porzellan aus der Ming-Periode“, S. 86. Er ist aber keinesfalls abgehoben, sondern hat auch sehr dramatische Kriegserfahrungen als Kriegspilot. Er ist allerdings auch in viele zwielichte Waffengeschäfte verstrickt und stellt schließlich auch den Kontakt zwischen Marga und Hauptmann Heymann her.
Dieser grobe Überblick soll zunächst genügen. Danach geht es um die genaue Textanalyse einer Passage des Romans.

- *Lesen Sie wiederholend die Seiten 242 (Mitte) bis 244 (Mitte). Fassen Sie den Inhalt der Aussagen Millers zusammen.*
- *Beschreiben Sie, was aus von Dahlem im Sommer 1942 geworden ist. Wie passt diese Entwicklung zu dem Mann, den Marga von Etzdorf in Hiroshima kennengelernt hat?*
- *Erläutern Sie die Reaktion von Dahlems auf das Zigarettenetui. Was sagt diese Reaktion über sein Verhältnis zu Marga von Etzdorf aus?*

Anton Miller beschreibt in der ausgewählten Textstelle ein Treffen mit Dahlem fast zehn Jahre nach dem Selbstmord Marga von Etzdorfs. Von Dahlem ist als Hauptmann für Aufklärungsflüge in Afrika. Er ist weiterhin ein „Weltenbürger“, berichtet z. B. von den Farben der Tücher der Tuareg und den Naturschauspielen in der afrikanischen Wüste. Gleichzeitig ist er immer noch ein Mann mit Ausstrahlung („Sah gut aus in seiner Luftwaffenuniform, die Orden, das Weiß der Uniform betonte noch die Bräune seines Gesichts.“, S. 242). Er ist auch weiterhin der Snob, der es sich leisten kann, bettelnden Frauen etwas zu geben („Es war, sagte er, ein Glücksgefühl, ihr das Geschenk machen zu dürfen.“, S. 243).
Im Gespräch versucht Anton Miller, in von Dahlem das zu sehen, was Marga fasziniert hat, in das sie sich so verliebt hat, dass sie sich aus Liebeskummer das Leben nahm. Er vermutet, dass es an den rhetorischen Fähigkeiten, aber auch aus der Weltgewandheit und Offenheit von Dahlems gelegen haben könnte.
Miller möchte von Dahlem schließlich das Zigarettenetui übergeben, das Marga von von Dahlem erhalten hat und vor ihrem Tod an Miller geschickt hat. Er nimmt es nicht an, zeigt damit, dass Marga von Etzdorf für ihn keine Geliebte oder verehrte Frau war. Das Etui hat für ihn keine Bedeutung. Auf die Nachfrage Millers schüttelt er nur mit dem Kopf und schweigt.
Die letzte Arbeitsfrage zum Zigarettenetui kann auch an dieser Stelle noch ausgelassen werden und im Baustein 4, wenn das Motiv des Etuis (auch mit der Inschrift „Isobare“) ausführlich erörtert wird, aufgegriffen werden. Alternativ kann auch der Teil des Bausteins 4 an dieser Stelle direkt angeschlossen werden.

Literaturwissenschaftler gehen davon aus, dass die fiktionale Figur von Dahlem in direktem Bezug zu den Erfahrungen des Autors Uwe Timm mit seinem Vater steht. Diesen Zusammenhang kann man im Unterricht nur in Ansätzen erarbeiten, eigentlich wären weitergehende Kenntnisse über das Leben Uwe Timms und auch seiner anderen Werke (z. B. „Am Beispiel meines Bruders") notwendig. Trotzdem soll der kleine Exkurs (s. **Arbeitsblatt 2**, S. 40 f.) einen Einblick in die autobiografische Ebene des Romans geben.
Hierzu werden folgende Arbeitsfragen behandelt:

- *Benennen Sie die Eigenschaften, die Andreas Kilb der Figur Christian von Dahlem zuschreibt.*
- *Überprüfen Sie diese Eigentschaften, indem Sie jeweils einen Textbeleg (oder einen widerlegenden) aus dem Roman heraussuchen.*
- *Welche Eigenschaften werden also dem Vater Uwe Timms zugeschrieben? Welche Funktion hat die Figur von Dahlem für den Autor selbst?*

Ideal ist es, wenn ein Schüler sich zudem mit dem Roman „Am Beispiel meines Bruders" beschäftigt (z. B. im Rahmen einer Facharbeit oder einer zusätzlichen Präsentation) und besonders auf Uwe Timms Verhältnis zur eigenen Familie eingeht.

3.3 Margas Tod in Syrien

Der Selbstmord Marga von Etzdorfs in Aleppo (Syrien) am 28. Mai 1933 ist nicht eindeutig zu erklären. Es gibt keinen Abschiedsbrief. Sie hat soeben ihr Flugzeug durch einen Landefehler schwer beschädigt: „Marga hatte wegen des Wüstenwindes auf dem planierten Sandplatz das Landekreuz nicht gesehen und war mit dem Wind gelandet. Als das Ende des Flugplatzes unheimlich schnell immer näher kam, drückte sie verzweifelt die Maschine an den Boden, bremste vorsichtig, aber an einer großen Bodenwelle splitterte Holz und ihr Kopf schlug an etwas Hartes. [...] Die Unglückspilotin wollte wissen, ob man ihr Flugzeug an Ort und Stelle reparieren könne. Sie erhielt die Antwort, wenn die nötigen Ersatzteile aus Deutschland einträfen, könne dies bald geschehen. Doch das werde wohl einige Wochen dauern. Marga nickte müde, wollte nicht, dass die Soldaten ihre Tränen sahen, sehnte sich nach etwas Ruhe und wollte allein sein."[1] Man bietet ihr einen Raum an, in dem sie sich erschießt.
Als Grund für ihren selbst gewählten Tod wird zumeist die Demütigung durch die zerstörte Maschine angenommen. Eine weitere Rückkehr ohne Flugzeug hätte ihren Ruf als Fliegerin vollkommen zerstört – kein Hersteller hätte ihr mehr eine Maschine anvertraut, kein Sponsor nochmals ihre Unternehmungen unterstützt. Ihre Karriere wäre bereits im Alter von 25 Jahren am Ende gewesen.
Uwe Timm webt in seinem Roman aber zwei weitere Gründe in die Handlung ein: die nicht erfüllte Liebe zu Christian von Dahlem und der Waffenschmuggel. Welchen dieser drei Gründe der Leser des Romans für gewichtiger hält, ist individuell zu entscheiden. Daher kann in der Diskussion um die Gründe auch keine richtige oder falsche Bewertung vorgenommen werden.

Bevor die Gründe erörtert werden, erhalten die Schüler folgenden Arbeitsauftrag:

- *Lesen Sie nochmals die Seiten 49, 151, 176 und 216.*
- *Stellen Sie die Gründe für den Selbstmord Marga von Etzdorfs zusammen.*

[1] Probst, Ernst: Marga von Etzdorf. Die tragische deutsche Fliegerin. Norderstedt 2010, S. 14

Die Gründe werden zunächst in einem Tafelbild gesammelt:

Warum nahm Marga von Etzdorf sich das Leben?

- Schmach als Fliegerin/Ende der beruflichen Karriere
- Liebeskummer/nicht erwiderte Liebe zu C. von Dahlem
- Angst, als Waffenschmugglerin aufzufallen

Anschließend können die Schüler in einer produktionsorientieren Aufgabe die Gründe in ihrer Bedeutung gewichten.

- *Stellen Sie sich vor, Marga von Etzdorf habe einen Abschiedsbrief hinterlassen, in dem sie ihren Suizid begründet. Gestalten Sie dieses Schreiben.*

In dem Brief können die drei Gründe unterschiedlich gewichtet dargelegt werden. Sicherlich sollte aber bedacht werden, dass Marga das Zigarettenetui (ein sehr persönliches Geschenk von Dahlems) noch vor ihrem Tod an Anton Miller verschickt. Der Liebeskummer kann also auf keinen Fall als völlig nichtig abgetan werden.

3.4 Anton Miller und Fräulein Erpenbeck – Kommentierung der Handlung

Im Roman „Halbschatten" verknüpft Uwe Timm das Leben realer Personen mit fiktiven Figuren, die er bewusst ergänzt. Zwei dieser Figuren sind der Schauspieler Anton Miller und das Fräulein Erpenbeck, eine frühere Geliebte Reinhard Heydrichs, dem Chef des Reichssicherheitshauptamtes und Organisator der „Endlösung". Miller beginnt eine Affäre mit dem Fräulein Erpenbeck, enttäuscht sie aber, wie Marga von Etzdorf von von Dahlem enttäuscht wird. Neben von Dahlem sind die zwei erfundenen Figuren wesentliche Elemente im Stimmenchor. Da dem Roman eine auktoriale Erzählinstanz fehlt (s. Baustein 4), erfüllen die beiden wichtige Funktionen für den Leser. Diese sollen im vorliegenden Baustein erarbeitet werden.

Zunächst erhalten die Schüler folgende vorbereitende Aufgaben (ggf. auch arbeitsteilig, indem der Kurs in drei Gruppen aufgeteilt wird):

- *Erläutern Sie die Beziehung Anton Millers zu Marga von Etzdorf, Christian von Dahlem und zum Fräulein Erpenbeck.*
- *Erläutern Sie die Beziehung Fräulein Erpenbecks zu Marga von Etzdorf, Christian von Dahlem, Anton Miller und zu Reinhard Heydrich.*
- *Stellen Sie dar, wie die beiden Figuren Anton Miller und Fräulein Erpenbeck politisch in die Zeit des Nationalsozialismus einzuordnen sind.*

Anton Miller ist mit Marga von Etzdorf eng befreundet, er lernt sie bei ihrer Landung in Hiroshima kennen (vgl. S. 50f.) und wird zwar nicht ihr Geliebter, aber ein enger Vertrauter, mit dem sie u.a. über ihre Liebe zu Christian von Dahlem spricht. Auch von Dahlem wird

ein enger Freund Millers, so treffen sie sich z. B. nach dem Tod Margas nochmals in Berlin (S. 242f.).
Das Fräulein Erpenbeck wird Anton Millers Geliebte, wobei es sich für ihn dabei nur um eine Affäre ohne Bedeutung handelt (S. 104). Das Fräulein Erpenbeck hatte allerdings den Wunsch nach einer festen Beziehung. Zuvor hatte sie bereits eine Affäre mit Reinhard Heydrich. Zu Marga von Etzdorf und Christian von Dahlem hat sie keine Beziehung, sie kennt die beiden nur flüchtig.
Das Fräulein Erpenbeck ist politisch eindeutig als Mitläuferin zu bezeichnen, die zudem naiv und als kleine Angestellte dargestellt wird. Anton Miller hingegen arbeitet als Schauspieler, Stimmenimitator und Kleinkünstler. Dadurch, dass er an der Front für die Belustigung der Soldaten zuständig ist, erlebt er das dunkelste Kapitel deutscher Geschichte hautnah und ist über die wahren Geschehnisse des Krieges bestens informiert. Der Gedanke, dass das Fräulein Erpenbeck eine Affäre mit Heydrich hatte, widert ihn an („ich hatte, während sie warm neben mir liegend erzählte, das Gefühl, innerlich zu vereisen", S. 104). Gleichzeitig hat er Angst vor Heydrich bzw. der Macht und Brutalität der Nationalsozialisten („Auch ich war voller Furcht." S. 249). Obwohl er die Situation so realistisch einschätzt, lässt er sich – als der Zweite Weltkrieg schon verloren ist – zu einem Witz über Adolf Hitler in einem Luftschutzkeller in Berlin hinreißen und wird verhaftet und direkt getötet (S. 254f.).

Nun werden zu der folgenden Aufgabe Ideen gesammelt und an der Tafel fixiert:

- *Benennen Sie Funktionen, die die beiden Personen (Miller und Erpenbeck) im Roman einnehmen.*

Es entsteht folgendes Tafelbild:

Funktionen der Figuren Miller und Erpenbeck

- Miller kann Hintergrundinformationen über Marga von Etzdorfs Gefühle geben (als enger Vertrauter)
- Miller kann vom Leben nach Margas Tod berichten (bes. über Treffen mit von Dahlem und Suche nach den Gründen)
- Erpenbeck verkörpert die typische Mitläuferin im Nationalsozialismus
- Verklammerung der Handlungsstränge „Leben von Marga" und „historisch-dokumentarischer Roman", die beiden sind Bindeglied zwischen Margas Geschichte und dem historischen Kontext

Wenn nötig, wird der folgende Impuls gegeben, evtl. ist die unterschiedliche narrative Haltung bereits in der vorherigen Aufgabe von den Schülern erkannt worden:

- *Untersuchen Sie die Erzählhaltung der beiden Personen und vergleichen Sie diese z. B. mit der Haltung bei Marga von Etzdorf. Welche Wirkung erzielt diese Erzählhaltung?*

Miller und Erpenbeck sprechen den Friedhofsbesucher, den Führer und somit auch den Leser direkt mit „ich" an. Marga und von Dahlem sprechen immer nur als Figuren des Romanerzählers. Der Leser spürt Nähe zu Miller und Erpenbeck, sie dienen ihm als direkte Kommentare beim Lesen. Somit kommentieren die beiden Figuren die Handlung für den Leser und sorgen dadurch für ein besseres Verständnis. Dies bezieht sich sowohl auf den Handlungsstrang um die deutsche Geschichte zur Zeit des Nationalsozialismus als auch um die Handlung rund um die Beziehung von Marga und von Dahlem.

Im Tafelbild können folgende Stichworte aufgenommen werden:

- direkte Ansprache an den Leser (durch Miller und Erpenbeck)
- kommentieren die Handlung für den Leser, Vermittler für besseres Verständnis (beider Handlungsstränge)

Notizen

Christian von Dahlem – der Gegenentwurf zu Uwe Timms Vater?

Der Literaturwissenschaftler Andreas Kilb untersucht in einem Vortrag auf einer Tagung zu den Werken Uwe Timms den Roman „Halbschatten". Zunächst stellt Kilb die verschiedenen Stimmen des Romans „Halbschatten" vor, dann geht er auf den Bezug zu Uwe Timm ein.

Was aber haben alle diese Geschichten mit der Biografie des Autors Timm zu tun? Die Antwort gibt eine Passage, die mit einem dreifach bekräftigten Bekenntnis des Ich-Erzählers beginnt: „Wer redet denn da? Ich. Ich. Ich." (S. 93) Anschließend berichtet der Erzähler seinem Friedhofsführer von einem Tagtraum, den er als Student bei der Vorbereitung auf eine schwierige Prüfung hatte:

Ich [...] ging [...] hinunter, auf die Straße, eine belebte Münchner Straße, sah mich aber in Berlin. [...] Alles war ganz selbstverständlich und nah, die oft gesehenen Bilder, das Brandenburger Tor, die Siegesengel, die Siegesallee. Ich sah den Aufmarsch, die Vorbereitungen einer Parade, ich sah Gulaschkanonen, sah Soldaten, die sich nochmals die Stiefel abwienerten, sah Pferde, die gestriegelt wurden, Musiker, die ihre Blechinstrumente polierten, Trommelfelle nachspannten, sich zusammenstellten und auf ein Zeichen des Tambourmajors formierten und losmarschierten, ein Stampfen, Dröhnen, in dem auch ich war, gar nicht sein wollte, das war dieses Schreckensbild, ich war eingereiht, ohne ausbrechen zu können, stampfte mit, riss die Beine hoch, eins und zwei. Es war, als wären die Soldaten, mit denen ich als Kind gern gespielt hatte, lebendig geworden, und ich sei mit ihnen verbündet, mit den Trompetern, Trommlern, deren Aufmarsch als Kind ich, eine der frühen Erinnerungen, in den Straßen Coburgs noch erlebt hatte und neben denen ich hermarschiert war. (S. 93)

Diese Schreckensvision, in der sich der Erzähler als Mitmarschierer und Gefangener des deutschen Militarismus erblickt, wird in Halbschatten durch eine von Miller berichtete Anekdote aus den Coburger Nachkriegserlebnissen Christian von Dahlems ausgelöst, in der Dahlem im November 1918 durch beherztes Eingreifen dem letzten regierenden Herzog von Sachsen-Coburg-Gotha den Weg durch eine randalierende Volksmenge bahnt. (S. 83 ff.) Zugleich ist sie auf doppelte Weise autobiografisch konnotiert. Zum einen führt sie in die Kindheit des Schriftstellers Uwe Timm, der sich nach seiner Evakuierung aus Hamburg von 1943 bis 1945 bei der Familie seines Onkels in Coburg aufhält und dort das Kriegsende miterlebt. Zum anderen ruft sie Motive aus der Kindheit und Jugend von Timms Vater Hans (1899 bis 1958) auf, der mit zehn Jahren aus Hamburg zu seiner Tante nach Coburg geschickt wurde, wo er das Handwerk des Tierpräparators erlernte und die letzten Jahre der wilhelminischen Gesellschaft erlebte. Die Lehrzeit in Coburg, vermutet Uwe Timms Biograf Martin Hielscher, könnte bei Hans Timm „den lebenslangen Hang zu einer aristokratischen Lebensform"[1] ausgelöst haben. Bei Kriegsende schließt sich Hans Timm einem der Freikorps an, die im Baltikum gegen die Bolschewisten kämpfen. [...]

Der Erzähler Uwe Timm taucht in Halbschatten in die Welt seines Vaters ein. Dahlem, die männliche Hauptfigur des Romans, gehört zur Generation von Hans Timm; auch die „aristokratischen Neigungen" (das Adelspatent Dahlems wird nur wegen der Novemberrevolution 1918 nicht mehr ausgestellt) haben beide gemeinsam. Offensichtlich ist aber auch, dass Dahlem eine Art idealer Gegenentwurf zu Timms Vater ist. Unter dem Naziregime zeigt er sich offen mit einem jüdischen Freund auf der Straße und wird deshalb degradiert. Auch empfindet er, anders als Hans Timm, keinen Stolz auf seine Kriegserlebnisse.[2] Die Geschichte seines Duells mit einem englischen Jagdflieger, die er Marga von Etzdorf in der Intimität des geteilten Zimmers in Hiroshima erzählt, ist von tiefem Respekt und Mitleid für den getöteten Gegner geprägt, und nur widerwillig lässt er sich darauf ein, mit Marga für ihre japanischen Gastgeber Schaukämpfe zu fliegen. Er sei „ein feiner Kerl, ein Snob, wenn man so will, gutes Essen, französischen Champagner, englische Anzüge, geschneiderte Seidenhemden" (S. 86), sagt Miller über Dahlem.

Mit einigen vielsagenden Abstrichen scheint durch die Beschreibung Dahlems das Porträt durch, das Uwe Timm in „Am Beispiel meines Bruders" von sei-

---

1 Hielscher, Martin: Uwe Timm. München 2007, S. 11

2 Vgl. Hielscher, Martin: Uwe Timm. S. 19–21

nem Vater gezeichnet hat. Dahlem ist (abgesehen von seinen Kontakten zur deutschen Rüstungsindustrie) eine Lichtgestalt; Hans Timm ist ein Mensch im Halbschatten der deutschen Geschichte. Der Autor des Romans Halbschatten leistet Trauerarbeit am Vater, indem er dessen Vita zwar nicht erzählt, aber in verwandten Figuren spiegelt. Dahlem, sagte Uwe Timm im Gespräch mit dem Verfasser, sei auch eine Verkörperung der Sehnsucht, „dass der Vater so gewesen wäre". Und: „Die Wünsche sind ja immer die Batterie der Geschichte."[1]

Aus: Kilb, Andreas: Ein deutsches Requiem. Uwe Timms Roman Halbschatten. In: Olaf Kutzmutz (Hrsg.): Uwe Timm – lauter Lesarten. Beiträge zur Poetik der Gegenwart. Wolfenbüttel 2009, S. 70–79 (gek.)

---

1 Kilb, Andreas: Wenn wir Toten fliegen. Uwe Timms Roman „Halbschatten". Frankfurter Allgemeine Sonntagszeitung, vom 31. August 2008, S. 25

- *Benennen Sie die Eigenschaften, die Andreas Kilb der Figur Christian von Dahlem zuschreibt.*
- *Überprüfen Sie diese Eigenschaften, indem Sie jeweils einen Textbeleg (oder eine widerlegende Textstelle) aus dem Roman heraussuchen.*
- *Welche Eigenschaften werden also dem Vater Uwe Timms zugeschrieben? Welche Funktion hat die Figur von Dahlem für den Autor selbst?*

Baustein 4

„Wer redet denn da? Ich. Ich. Ich."[1] – Erzählhaltung und Erzähltechnik im Roman „Halbschatten"

In diesem Baustein geht es um die Fragen der „Erzählhaltung" und der „Erzähltechnik" Uwe Timms, also um die Fragen zum *Wie* des Erzählens. Die Art, wie die Lehrkraft sich diesen Themenfeldern nähert, hängt entscheidend vom Vorwissen der Schülerinnen und Schüler ab. Hier muss die Lehrkraft für sich zunächst klären, ob die Schüler bereits Erfahrungen im Umgang mit epischer Literatur und speziell deren erzähltheoretischen Seiten gesammelt haben. Der vorliegende Baustein trägt den möglichen Antworten auf die Frage nach der Vorerfahrung der Schüler Rechnung und bietet zwei unterschiedliche Herangehensweisen für die Behandlung des erzähltheoretischen Komplexes an. Mit Lerngruppen, die mit dem Roman „Halbschatten" beispielsweise bereits den zweiten Roman erarbeiten und die sich mit erzählerischen Techniken bereits intensiv auseinandergesetzt haben, kann deduktiv der bereits erarbeitete Wissensstand vertieft werden. Für den ersten Kontakt mit einem Roman in der Oberstufe bietet sich eher ein induktives Vorgehen an. Anhand ausgewählter Textstellen können verschiedene erzählerische Mittel erarbeitet werden, wobei zahlreiche sehr typische Mittel z. B. die Abfolge der Handlung oder die Perspektive auf die (auf dem Friedhof beerdigten) Figuren, im Roman recht untypisch umgesetzt werden.

4.1 Einstieg

4.1.1 Deduktiver Einstieg zu erzähltheoretischen Aspekten

Der mit der Erzähltheorie bereits vertrauten Lerngruppe werden die wichtigsten erzählerischen Mittel mit kurzen, lexikonartigen Erläuterungen aus dem **Zusatzmaterial 3** (S. 70 f.) präsentiert bzw. zum eigenen Erarbeiten kopiert. In Form einer Hausaufgabe werden die Schüler aufgefordert:

- *Informieren Sie sich wiederholend über erzähltechnische Mittel. Suchen Sie nach entsprechenden Beispielen im Roman „Halbschatten". Notieren Sie auch die Mittel, zu denen Sie im Roman kein Beispiel finden.*

Die Schüler können Textpassagen aus dem gesamten Roman auswählen, aber natürlich auch die im Unterricht erarbeiteten Textstellen als Grundlage verwenden. Die Präsentation der Ergebnisse kann in leistungsstarken Gruppen zunächst in Kleingruppen erfolgen, in schwächeren Kursen wird die Aufgabe direkt im Plenum besprochen:

- *Stellen Sie sich gegenseitig Ihre Arbeitsergebnisse der Hausaufgabe vor. Klären Sie dabei auch das Verständnis der erzähltechnischen Fachbegriffe.*

Im Anschluss daran werden zu den einzelnen Mitteln jeweils Beispiele im Plenum präsen-

[1] S. 93

tiert. Hier kann die Lehrkraft entscheiden, ob eine vertiefende Wiederholung oder eine weitere Klärung von Begrifflichkeiten notwendig ist. Ein Schüler kann gebeten werden, die Fachtermini jeweils mit einem Beispiel als Übersicht nochmals zusammenzustellen und diese Tabelle dem Kurs zur Verfügung zu stellen.
Zu Diskussionen könnte die Definition der Berichte des Führers auf dem Friedhof führen. Formal handelt es sich bei seinen Berichten durchgehend um eine Figurenrede, allerdings bindet Uwe Timm oft Passagen ein, in denen der Graue wie ein allwissender Erzähler dem Leser Hintergrundinformationen über die Personen berichtet. Dies wird durch seine Rolle als Stadtführer legitimiert. Ein Beispiel für eine solche Passage findet sich auf den Seiten 9 (Mitte) – 15 (oben).

4.1.2 Induktiver Einstieg

Zum induktiven Einstieg für Kurse, die noch wenige Vorkenntnisse der Erzähltheorie haben, eignet sich eine offenere Fragestellung als Hausaufgabe, die mögliches Wissen z. B. aus der Mittelstufe reaktiviert oder das diffuse Vorverständnis von Erzähltechnik und -haltung der Lernenden überhaupt erfragt. Hierzu werden jedem Schüler 10 Seiten des Romans zugeteilt. Zu „seinen" Seiten erhält er folgende Aufträge:

- *Suchen Sie eine Passage des Romans innerhalb der Ihnen anvertrauten Seiten heraus und erklären Sie, wie dieser Teil der Geschichte erzählt wird. Beachten Sie dabei besonders: Aus welcher Perspektive wird erzählt? Wie ist die Rolle des Erzählers? Wie ist der chronologische Ablauf der Handlung? Gibt es wiederkehrende Formulierungen, Bilder, Symbole? Gibt es andere Auffälligkeiten? Bereiten Sie eine kurze Präsentation Ihrer Ergebnisse vor.*

Jeder Schüler wählt also eine kleinere Passage aus seinem Kapitel aus und bereitet eine kurze Präsentation seiner Ergebnisse vor, die zu Fragen der Erzähltechnik in dem Textauszug Stellung nimmt. Der Inhalt der Präsentationen gibt einen guten Überblick über das (Vor-)Wissen der Lerngruppe zum Themenfeld Erzähltechnik. Gerade wenn die Lerngruppe in der Mittelstufe von unterschiedlichen Deutschlehrern unterrichtet wurde, entsteht hier ein interessantes „Zusammentragen" von Kenntnissen.
Die vorgestellten Aspekte können an der Tafel gesammelt und von der Lehrperson ggf. ergänzend erläutert werden. Die Schüler werden unmittelbare Bauformen wie „direkte" und „indirekte Rede" (Wiedergabe durch den Grauen), die verschiedenen Sprachebenen (Hochdeutsch, ausländische Zitate, Umgangssprache, emotionale Zwischenrufe) und einige rhetorische Figuren (Wiederholung, Ausruf, Ellipse, Metapher) nennen. Zudem sollte die Lehrperson den Blick auf das Motiv des Zigarettenetuis lenken, dies wird aber im Baustein 4.4 ausführlich bearbeitet. Sicherlich werden einige Schüler bereits auf innere Monologe und den Übergang zum Bewusstseinsstrom eingehen, auch wenn sie diese evtl. noch nicht benennen können. Zudem wird voraussichtlich die Collagentechnik, die Multiperspektivität, wahrscheinlich als eher verstörendes Merkmal des Romans genannt.
Am Ende der Stunde kann ein Überblick über die Weiterarbeit und Vertiefung der angesprochenen Themen gegeben werden:
- Erzählperspektive/Erzählerstandort/Erzählverhalten/Darbietungsformen
- Merkmale eines modernen Romans
- Leitmotivtechnik (das Zigarettenetui)

4.2 Erzählperspektive/Erzählerstandort/Erzählverhalten/ Darbietungsformen

Die Begriffe, die evtl. in 4.1.1 bereits wiederholend eingeführt wurden, sollen nun nochmals am Roman vertiefend bearbeitet werden. Alternativ kann auch erst jetzt das **Zusatzmaterial 3** (S. 70f.) zur Lektüre gegeben werden. Es soll dabei nicht nur um ein Anwenden der unterschiedlichen Fachtermini gehen, sondern die Schüler sollen besonders auch die Wirkung dieser unterschiedlichen Techniken des Erzählens am Roman „Halbschatten" erleben. Zudem wird durch die „konventionellen" Fachtermini, die oft auf den Roman nicht anwendbar sind, deutlich, wie „anders" die Bauform des Romans von Uwe Timm ist.

Zunächst wird der Kurs in Arbeitsgruppen eingeteilt, diese erhalten einen der folgenden Aufträge, die Erarbeitung der verschiedenen Bereiche erfolgt also arbeitsteilig:

- *Gehen Sie in Ihrer Arbeitsgruppe auf die Suche nach den beschriebenen Erzählperspektiven. Lassen sich die Perspektiven im Roman wiederfinden? Gibt es eine dominierende Erzählperspektive?*
- *Gehen Sie in Ihrer Arbeitsgruppe auf die Suche nach den beschriebenen Erzählerstandorten. Lassen sich die Standorte im Roman wiederfinden? Gibt es einen dominierenden Erzählerstandort?*
- *Gehen Sie in Ihrer Arbeitsgruppe auf die Suche nach den beschriebenen Erzählverhalten. Lassen sich alle Verhalten im Roman wiederfinden? Gibt es ein dominierendes Erzählverhalten?*
- *Gehen Sie in Ihrer Arbeitsgruppe auf die Suche nach den beschriebenen Darbietungsformen. Lassen sich alle Formen im Roman wiederfinden? Gibt es eine dominierende Darbietungsform? Finden Sie Beispiele, in denen Sie eine Figurenrede von einem (laut ausgesprochenen) Bewusstseinsstrom abgrenzen können.*

Ist eine Gruppe zügig mit den Arbeitsergebnissen fertig, erhält sie folgende zusätzliche Arbeitsfrage:

- *Welche Wirkung erzielt der Autor Uwe Timm mit der gerade von Ihnen erarbeiteten Technik des Erzählens? Wie beeinflusst dies die Wahrnehmung des Lesers?*

Die Arbeitsgruppen bereiten jeweils auf einer Folie Präsentationen mit den Ergebnissen vor. Die erste Arbeitsgruppe zur Erzählperspektive sollte zu folgenden Ergebnissen kommen: Der Roman ist von einem Ich-Erzähler erzählt (mit großen Nähen zu Uwe Timm, aber keinesfalls mit ihm zu verwechseln), der wenig Raum einnimmt, da der Roman fast nur aus Figurenrede besteht. Die Instanz des Erzählers wird aber immer wieder vom Grauen, also dem Führer auf dem Friedhof, ergänzt. Er vermittelt zwischen den oft unverständlichen Redebeiträgen der Toten und dem Leser (bzw. eigentlich dem Ich, das über den Friedhof geführt wird). Er nimmt zwar nie die Sichtweise einer Figur ein, kann aber deren Gedanken und Gefühle kommentieren und erzählt aus der Innensicht der Figuren, da er diese bereits seit Jahren kennt und über historisches Hintergrundwissen verfügt. Der Ich-Erzähler gibt also aus der Außensicht (als Zuhörer) die Aussagen des Grauen wieder und so kann der Leser auch einen Teil der Innensicht der Figuren einordnen und erfassen.
Die zweite Arbeitsgruppe wird ebenfalls zu dem Ergebnis kommen, dass die Instanz des Erzählers von einem Ich eingenommen wird. Er ist Teil der Handlung, da er an einer Führung über den Friedhof teilnimmt. Der Erzähler ist also aktiv in das Geschehen eingebunden, Teil der von ihm erzählten Welt. Er ist somit sehr nah am Geschehen (hier an der Figurenrede

der Toten, die er ja hören kann) und hat daher eine sehr eingeschränkte Perspektive. Er kann nur das wörtlich wiedergeben, was er hört. Eine allwissende Dimension kommt nur durch den Grauen in den Roman, der dem Erzähler (durch seine Rolle als Stadtführer) immer wieder Hintergrundinformationen gibt.
Somit ist auch bereits das Ergebnis der dritten Arbeitsgruppe deutlich geworden: der Erzähler ist neutral. Er berichtet nur das, was er hört und sieht. Er gibt die Erlebnisse bei einer Friedhofführung wieder. Dieses Erzählverhalten wird allerdings an wenigen Stellen durchbrochen, in denen sich der Ich-Erzähler aktiv in das Geschehen einmischt und seine eigenen Erfahrungen schildert (Beispiel: S. 93). Hier wird der Erzähler für den Leser deutlich sichtbar.

Die Darbietungsform des Romans ist natürlich in weiten Passagen die Figurenrede. Auch die erklärenden Passagen des Grauen sind zwar häufig sehr sachlich und eher Hintergrundwissen für den Leser, aber dennoch auch die wörtliche Wiedergabe der Aussagen einer Figur. Es gibt nur wenige Passagen, in denen der Erzähler berichtet (z. B. S. 7 unten bis S. 9 Mitte), ansonsten sind oft auch die Aussagen des Ich-Erzählers Figurenrede, da der Erzähler hier mit seinem Führer auf dem Friedhof spricht (z. B. S. 93). An einigen Stellen sind zudem andere Textsorten in den Roman eingeflochten, so z. B. ein Bericht eines Konsuls (S. 79) oder ein Brief (S. 193). Diese werden aber auch als Figurenrede von den Toten vorgelesen.
Die Unterscheidung zwischen der Figurenrede und dem Bewusstseinsstrom könnte den Schülern schwerfallen. Hier ist es möglich, einen kurzen Lehrervortrag zu halten und nachfolgend exemplarische Textstellen heranzuziehen, in denen die Darstellung in Form des Monologs, der Figurenrede oder des Bewusstseinsstroms erfolgt (wobei der Erzähler keinen Einblick in die Person hat, sondern der Strom laut gesprochen wird). Ein Beispiel für einen solchen Bewusstseinsstrom findet man ab Seite 181 unten.

Bewusstseinsstrom (stream of consciousness) (Lehrervortrag)

- 1. Person Indikativ Präsens oder ohne Person
- Innensicht ohne kommentierende Einmischung des Erzählers
- unvollständige grammatische Form, persönliche Sprachmerkmale, willkürliche Wortbildung, Lautmalerei, Sprachexperimente, assoziative Verknüpfungen
- fehlende Zeichensetzung
- direkte Wiedergabe und assoziative Verknüpfung von Bewusstseinsinhalten, keine inhaltliche Strukturierung

Um das Unterrichtsgespräch nach der Gruppenarbeitsphase noch einmal auf eine gemeinsame Textgrundlage zu fokussieren und zudem alle Schüler mit allen Bereichen der Erzähltechnik vertraut zu machen, empfiehlt sich ein ergänzender Arbeitsauftrag:

- *Betrachten Sie die Seiten 192 (ab „Was wäre gewesen") bis 194 (bis „4. Juni 1942.") und analysieren Sie die Passage im Hinblick auf die in den Gruppenarbeiten erarbeiteten Erzähltechniken. Gehen Sie dabei auch auf die Wirkung der angewendeten Techniken ein.*

4.3 Erzähltheorie der Gegenwart

Im Anschluss an die bisherige Erarbeitung der Erzähltechniken kann der Sachtext „Erzähltheorie der Gegenwartsprosa“ (2001) von Irmgard Scheitler gelesen werden, da er die Veränderungen des Erzählens vom 19. Jahrhundert bis zur Moderne aufzeigt und so den Blick für die spezielle Erzählsituation im Roman „Halbschatten“ öffnet (**Arbeitsblatt 3,** S. 52). Aufgrund der Länge und der gedanklichen Struktur des Textes bietet es sich an, die Schüler in Einzelarbeit einen Kurzvortrag vorbereiten zu lassen, um so das Vortragen zu üben. Aufgabe ist es, die Ursachen für die Veränderungen des Erzählens aufzuzeigen sowie die Merkmale der Epik des 20. Jahrhunderts darzulegen. Im Anschluss erfolgt in einem Unterrichtsgespräch die Übertragung der Ergebnisse auf den Roman. Ggf. können zentrale Aspekte noch einmal in einem Tafelbild festgehalten werden.

Impulse für das Unterrichtsgespräch können zum Beispiel sein:

- *Setzen Sie die Ergebnisse in Bezug zum Roman „Halbschatten“.*
- *Lassen sich die von Irmgard Scheitler genannten Merkmale des modernen Erzählens auf den Roman übertragen? Belegen Sie Ihre Meinung.*

Zusammenfassend ist zu sagen, dass sich die Mehrzahl der genannten Merkmale auf den Roman übertragen lässt, Timm sich von der Instanz des Erzählers aber nicht löst. Es gibt den Ich-Erzähler, der von seiner Führung über einen Friedhof berichtet. Er tritt aber zumeist in den Hintergrund und überlässt den Vordergrund der Collage aus unkommentierten Stimmen der Toten.

Folgendes Tafelbild kann sich ergeben:

Merkmale modernen Erzählens

Irmgard Scheitler „Erzähltheorie der Gegenwartsprosa“ (2001)	Uwe Timm „Halbschatten“
Merkmale modernen Erzählens: • Fehlen von „konsistenten Figuren“ • keine lineare, finale Handlung • keine feststehende Erzählinstanz • Multiperspektivität • offenes Ende • Montageprinzip • fehlende Hoffnung/Sinnstiftung • keine Vermittlung von moralischen Werten	➜ Ich-Erzähler als Mittler (im Hintergrund, aber vorhanden)
➜ „Halbschatten“ als Exempel des modernen Erzählens	

4.4 Das Symbol des Zigarettenetuis

Motive oder Leitmotive, also Wiederholungen von formelhaft wiederkehrenden Wortfolgen oder inhaltlichen Beschreibungen, haben unterschiedliche Aufgaben. Im Roman „Halbschatten" finden sich zahlreiche Motive mit völlig unterschiedlicher Relevanz für die Handlung (Zentralmotiv, Randmotive bzw. Nebenmotive). Als Motive können das Fliegen bzw. das Flugzeug, der Schatten in den Räumen (s. hierzu Baustein 4.5 zum Titel „Halbschatten") oder die japanischen Gefäße, die aus Scherben zusammengesetzt sind, untersucht werden. Einerseits dienen die Motive der Darstellung der Gedanken- und Gefühlswelt der Personen, so z. B. beim Motiv des Fliegens oder der japanischen Gefäße. Besonders aber das Zigarettenetui spielt eine zentrale Rolle in der Beziehung von Marga und von Dahlem (später auch in der Beziehung von Marga zu Anton Miller), es ist als literarisches Symbol zu verstehen, da es – im Gegensatz zu einem Motiv – weniger anschaulich und nicht eindeutig einer Idee oder Handlung zuzuordnen ist.
Andererseits weben Motive – besonders das Leitmotiv – und Symbole ein enges Geflecht von Verweisen auf das zentrale Thema des Romans, nämlich die Beziehungen der Menschen innerhalb eines historischen Kontextes, das im zentralen Symbol durch die unterschiedlichen Besitzer des Etuis (zusammen mit der Inschrift) immer wieder in der gesamten Handlung aufgegriffen wird.
Beide Funktionen sollen in diesem Unterrichtsbaustein untersucht werden. Zunächst wird auf die zweite Funktion eingegangen, bei der Interpretation des Symbols dann auf die erste. Ergänzend kann anschließend eine Textstelle exemplarisch analysiert werden (z. B. S. 242–244).

Als Einstieg wird zunächst das Bild eines Zigarettenetuis (s. z. B. **Zusatzmaterial 4**, S. 72) präsentiert. Dies kann als stummer Impuls dienen bzw. die Lehrkraft fragt:

- *Im Roman „Halbschatten" gibt es zahlreiche Fundstellen für das Symbol des Zigarettenetuis. Fallen Ihnen entsprechende Textstellen ein?*

Um die Antworten etwas mehr zu strukturieren, können auch folgende Impulse gegeben werden:

- *Durch wessen Hände wandert das Zigarettenetui im Laufe des Romans?*
- *Welche Bedeutung hat das Zigarettenetui für die unterschiedlichen Personen?*

Die Schüler nennen einige Textstellen, die folgende Liste nennt einige zentrale Stellen, kann aber ergänzt werden:

- S. 22 und 48: Marga und von Dahlem rauchen gemeinsam, es kommt zu einer Berührung.
- Das Zigarettenetui hat von Dahlem das Leben gerettet (S. 164: „Das Etui erinnert mich nicht nur an mein gerettetes Leben, sondern auch an den Tod des anderen.").
- S. 166: Kauf des Etuis als Glücksbringer
- S. 229: Von Dahlem schenkt Marga das Etui (Abschiedsgeschenk?) mit der neuen Gravur „Isobare" (= gleicher Druck, gleicher Luftdruck).
- S. 242: Marga schickt vor ihrem Selbstmord das Etui an Miller.
- S. 244: Von Dahlem möchte das Etui nicht zurückbekommen, er möchte nicht an den Tod der anderen erinnert werden (vgl. auch S. 164).

- S. 258: Marga denkt über die Bedeutung des Geschenks nach (doch ein Liebesbeweis?).
- S. 263: Der Graue kauft das Etui auf dem Flohmarkt (von einem Rentner, der es aus Millers Tasche genommen hat, als dieser erhängt worden war), Etui als Motor für den Grauen, der Geschichte nachzugehen.

In einer kurzen Gruppenarbeit (oder Murmelphase) tauschen die Schüler sich nun über die Bedeutung des Symbols aus. Die Ergebnisse stellen die Gruppen im Plenum vor.

Zusammenfassend kann nun auf einer Folie oder an der Tafel fixiert werden:

Das Symbol des „Zigarettenetuis"

- Symbol (u. a. aufgrund der Häufigkeit)
- für von Dahlem: Symbol des Todes (Gegner im Krieg und vielleicht später auch Marga?), Zeichen für eigenes Überleben
- für Marga: Hoffnung auf die Liebe von Dahlems
- für Miller: Zeichen der Freundschaft zu Marga
- für den Händler auf dem Flohmarkt: Diebesgut
- für den Grauen: Motor, Margas Geschichte zu erforschen

↓

- Bindeglied zwischen Figuren und historischen Epochen

Das Fazit des Tafelbildes kann mündlich ausführlicher erläutert werden: Das Symbol ist das Bindeglied zwischen den unterschiedlichen Figuren und historischen Epochen der deutschen Geschichte (vom 1. Weltkrieg bis zum Mauerfall), ein Symbol der Ereigniskette, die den heutigen Besuch auf den Friedhof mit der Geschichte verbindet. Gleichzeitig wird die Bedeutung des Symbols von den Figuren aber sehr unterschiedlich interpretiert.

4.5 Der Titel „Halbschatten" und das Ende des Romans

Der Titel des Romans „Halbschatten" wird im Roman mehrfach metaphorisch aufgenommen und bietet mit seinen unterschiedlichen Bedeutungsebenen einen neuen Zugang zu den Handlungsebenen. Im vorliegenden Baustein nähern sich die Schüler zunächst über ein Bild und dann über die physikalische Definition dem Begriff an. Anschließend werden die gewonnenen Erkenntnisse auf den Roman übertragen.

Als Impuls wird ein Bild als Folie aufgelegt (**Arbeitsblatt 4**, S. 53), die Schüler erhalten den Auftrag:

■ *Äußern Sie sich zu den Lichtverhältnissen auf diesem Bild.*

Die Schüler werden erkennen, dass Teile des Gesichtes im Licht sind, andere Teile im Dunkeln, also im Schatten. Zudem gibt es einen „Zwischenbereich", der halbdunkel erscheint und somit von den Schülern schnell als „Halbschatten" bezeichnet wird.

Aber was ist eigentlich genau ein Halbschatten? Der Begriff wird vielen im Zusammenhang mit einem Garten geläufig sein. Um sich ihm aber exakt zu nähern, wird nun auf einer Folie die physikalische Definition präsentiert **(s. Arbeitsblatt 4**, S. 53**)**. Diesen erläutern die Schüler nochmals mit eigenen Worten.
Diese sehr technische Definition soll nun auf den Roman übertragen werden. Dazu wird gemeinsam die Seite 171 (unten) gelesen, in der die Bedeutung des titelgebenden Halbschattens erkennbar wird:
„Wir können ein wenig auswählen, vielleicht ein wenig Licht bringen, einen Halbschatten, ein Zwielicht. Nichts ist ganz klar, kaum beugen wir uns über das Geschehene, werfen wir unseren Schatten darauf. Sie wissen, wie verzerrt der sein kann." (S. 171)

Die Schüler erhalten folgende Impulse:

- *Lesen Sie nochmals die Seite 171. Vergleichen Sie die Darstellung des Halbschattens mit der gerade gelesenen technischen Definition.*

- *Was bedeutet der Titel, wenn Sie bedenken, dass die Geschichten des Romans von immer wieder wechselnden Figuren berichtet werden?*
- *Stellen Sie auch einen Zusammenhang zwischen dem Titel und dem Romanende auf Seite 267 her.*

Das Zitat verweist auf verschiedene Deutungen: Es verweist metaphorisch auf den Zusammenhang mit dem Akt des Erzählens, der in „Halbschatten" sowohl den Stoff als auch die Form bestimmt. Die Figuren gewinnen nur schemenhaft an Kontur, wir können sie nur über ihre Stimmen wahrnehmen, sodass immer Schatten bleiben. Die Geschichte wird von verschiedenen Personen „beleuchtet" (die man in der physikalischen Definition als verschiedene Lichtquellen verstehen kann), aber dennoch gibt es keine „ausgeleuchtete" klare Wahrheit. Dies wird z. B. deutlich, wenn wir die Gründe für Margas Selbstmord untersuchen, hier wird dem Leser keine „richtige" Version geboten, er kann nur erahnen und für sich deuten, warum die junge Frau sich umbrachte. Die unterschiedlichen Schatten überlagern sich und der Leser kann nur ein Bild im Halbdunkel erahnen. Zudem wird im Zitat der Leser auch als aktiver Gestalter des Bildes benannt („beugen wir uns über das Geschehene", S. 171). Dies betont die Subjektivität der Wahrnehmung der Stimmen, auch die eigenen Schatten verzerren das Bild.

In diese Metaphorik kann man auch das Ende des Romans einbeziehen, der Friedhof hüllt sich langsam in Dunkelheit, das vage Bild, das durch die Stimmen entstanden ist, wird zu einem Schatten. Das Ende des Romans bringt also kein „Licht in das Dunkel", keine endgültige Klärung der Geschichte, sondern bleibt ein vager Deutungsversuch: „Es ist spät geworden. Sie müssen jetzt gehen. Winterzeit. Das Tor wird gleich geschlossen." (S. 267)

Die Ergebnisse des Unterrichtsgesprächs zu den Seiten 171 und 267 können in folgendem Tafelbild fixiert werden:

Der Titel „Halbschatten“

- Figuren sind für den Leser nur schemenhaft erkennbar („im Halbschatten“)
- Handlung wird von verschiedenen Seiten „beleuchtet“, aber es gibt keine klare Sicht auf die Deutung (z. B. auf Margas Tod) ➡ vieles bleibt „im Schatten“
- eigene Deutungen des Lesers führen zu einer subjektiven Lesart, verzerren immer auch das Objektive

➡ Am Ende des Romans steht keine objektive Wahrheit, sondern ein „Schatten“ legt sich wieder über den Ort.

Abschließend kann der Titel auch nochmals auf die Gestaltung des Raumes von Christian von Dahlem in seinem Zimmer in Hiroshima übertragen werden. Hierzu bietet sich eine Analyse der Beschreibung des Zimmers (S. 48–49) an, die metaphorisch angelegt ist und das Motiv des „Schattens“ aufnimmt.

- *Untersuchen Sie die Beschreibung des Zimmers von Christian von Dahlem unter besonderer Berücksichtigung des Motivs des Schattens (S. 48 Mitte – 49 Mitte).*
- *Nach der Beschreibung durch von Dahlem sagt Marga von Etzdorf: „Seine Beschreibung war wie die Beschreibung meines Innersten.“ (S. 49) Deuten Sie diese Aussage.*
- *Erkennen Sie in der Textstelle Andeutungen auf Margas späteren Selbstmord. Belegen Sie Ihre Aussagen.*

In der Textstelle wird der Schatten von Dahlems von Marga als „übergroß“ wahrgenommen, er selbst bezeichnet seinen Schatten sogar als „Glöckner von Notre-Dame“. Es wird deutlich, dass Marga sowohl wörtlich als auch im übertragenen Sinne nicht sieht, wie er wirklich ist, sondern sich ein verzerrtes Bild von dem Mann macht. Die Beschreibung der Sicht der beiden auf den jeweils anderen zeigt nochmals die Darstellung der Figuren im gesamten Roman: „Schatten sind ungenau“ (S. 48). Der Leser macht sich von den Figuren durch ihre wenigen Aussagen ein Bild, das nicht auf wirklichem Wissen, sondern nur auf schemenhaften Konturen beruht. Diese Schatten sind ungenau und „doch zeigen sie ein Mehr, was das fest umrissen Körperliche nicht hat. Die Ahnung einer spirituellen Welt.“ (S. 48) Beim Leser lösen die vielen Unklarheiten und „blinden Flecke“ in der Wahrnehmung der Figuren die Sicherheit auf, diese Figuren zu verstehen. Das wenige Wissen um den historischen Kontext und nur die Sprachfetzen des Romans lassen erkennen, wie wenig wir von der Historie verstehen. „Der Schatten löst den Raum auf.“ (S. 49)
In dem Gestaltungsprinzip des japanischen Raumes zeigt sich, dass der Schatten nicht aufgelöst werden soll (was der Leser vielleicht in einem Roman erwartet), sondern die Schattenseiten (z. B. der Geschichte) nur deutlich gezeigt werden sollen und so zum Nachdenken anregen können, ohne klare Antworten anzubieten („Die Orchideen in der blaugrünen Vase sind eben nicht nur Dekoration, wie bei uns, sondern sie sollen dem Schatten seine Tiefe verleihen.“).

Überträgt man diese Überlegungen auf Margas Erwiderung zu der Beschreibung des Raumes („Seine Beschreibung war wie die Beschreibung meines Innersten.“, S. 49), erkennt man, dass Marga schon vor der Nacht mit von Dahlem in Hiroshima eine tiefe Unsicherheit in sich trägt. Sie kann viele Bereiche ihres Innenlebens nicht „ausleuchten", verstehen. Sie sehnt sich vielmehr nach der mit dem Schatten verbundenen Stimme. „Es war dieser Zustand, diese Ahnung, dieser innerste Wunsch nach einer unveränderlichen Stille." (S. 49) Diese Aussage deutet an, dass der Grund für einen Selbstmord evtl. gar nicht in der enttäuschten Liebe zu von Dahlem oder dem Waffenschmuggel zu suchen sind, sondern dass Marga schon viel länger den Wunsch zu sterben in sich trägt.

Abschließend kann der Kurs noch folgenden produktiven Auftrag erhalten:

- *Gestalten Sie ein neues Cover für den Roman, das das Schattenmotiv aufgreift.*

Notizen

Irmgard Scheitler: Erzähltheorie der Gegenwartsprosa (2001)

Seit Hofmannsthals Lord Chandos den Verlust der Fähigkeit, „über irgendetwas zusammenhängend zu denken oder zu sprechen“, konstatierte, hat die moderne Literatur immer weniger zusammenhängende Geschichten erzählt – eine Entwicklung, die in Hildesheimers Wort „vom Ende der Fiktionen“ (1975) ihren konsequenten Höhepunkt gefunden hat. [...] Nehmen wir als Gegenbeispiel ein Werk wie Fontanes *Effi Briest* und gestatten uns um der schärferen Konturierung willen eine etwas vereinfachte Sicht: Fontane präsentiert in seinem Roman einen Weltausschnitt oder ein Modell von Welt, in das der Leser mit den ersten Sätzen eintaucht und das er während seiner Lektüre nicht zu verlassen braucht, denn diese Romanwelt operiert mit dem, was dem Leser plausibel erscheinen kann, und ist in sich stimmig und geschlossen. Innerhalb seiner konstruierten Welt diskutiert der Roman am Beispiel von individuellen Problemen der fiktiven Figuren exemplarische Fragen von mehr oder weniger zeitgebundenem Charakter. Ob er für diese Probleme eine Lösung anbietet, mag dahingestellt bleiben; jedenfalls enthält der Text dank auktorialer Eingriffe wie Rezeptionslenkung und Fokussierung einen starken Appell an den Leser, Situationen und Konstellationen von der Art der dargestellten als problemträchtig zu erkennen und nach Lösungswegen zu streben. Dieser Appell kann nur vermittelt werden, weil Autor und Leser im Wesentlichen die gleichen Werte hochhalten, die z. B. im Falle von *Effi Briest* im Konflikt zwischen Ehe und Selbstverwirklichung aufeinanderprallen. Autor und Leser stehen in einer Welt, die ihnen wenigstens prinzipiell begreifbar und überschaubar erscheint – einer Welt übrigens, die weitgehend mit einem konkreten Staatsgebilde, Preußen, identisch ist –, und gehen davon aus, dass Konflikte bewältigt werden sollen und können.

Diese Voraussetzungen sind nicht mehr vorhanden. Da für das einzelne Individuum die Welt undurchschaubar geworden ist, lehnen auch Autoren es ab, die Welt als eine verfügbare in Erzählungen einzufangen, die sich als „Modell von Welt“ präsentieren. Da nirgends mehr Verlässlichkeit zu erwarten ist und da man im Grunde kaum etwas über sich selbst weiß, wird auch die Illusion von einem allwissenden, treulich berichtenden Autor absurd. In einer Gesellschaft, die von Pluralismus zur Wertfreiheit fortgeschritten ist, sollte auktoriale Sympathielenkung nicht mehr einengen. Angesichts von Identitätsverlust und Brüchigkeit des Ichs lassen sich keine konsistenten Figuren mehr herzeigen. Wo der Zufall regiert, wird auch eine konsequent und final erzählte Geschichte unmöglich. Der Roman muss notwendig seine Funktion exemplarischer Problembewältigung einbüßen. Auch von der Hoffnung, eine Verbesserung von Zuständen durch Literatur herbeiführen zu können, hat sich die Gemeinde der Autoren und Leser weitgehend entfernt, obwohl es in diesem Punkt in den letzten Jahrzehnten verschiedene Tendenzen gab.

Wesentliche Merkmale der heutigen Literatur sind inzwischen seit 100 Jahren geläufig. Die Erzählrevolution seit der sog. Moderne zersetzten Stück für Stück die Einheit eines Textes und die epische Illusion. Verloren ging die sog. Welthaltigkeit zugunsten von Innenperspektive und stream of consciousness, der allwissende Erzähler wurde von einer Fülle von Perspektiven abgelöst, an die Stelle der Geschlossenheit trat das offene Ende, an die Stelle der Einheitlichkeit die Montage. Mit dem Abschied von realistischer Darstellung büßte das Erzählen Linearität, Konsistenz und Mimesis ein. Sprachskepsis, ja der Zweifel an der Übereinstimmung von Zeichen und Bezeichnetem überhaupt schienen der Literatur den Boden zu entziehen: ihre Verankerung in der Welt. Mit dem fortschreitenden Verzicht auf Rezeptionslenkung durch den Erzähler entfiel auch der moralische Aspekt: die Vermittlung von Werten, v.a. durch ein Werte bestätigendes Ende. Stattdessen suchte sich Literatur eine andere Basis: sich selbst und ihr eigenes Verfahren.

Aus: Irmgard Scheitler : Deutschsprachige Gegenwartsprosa seit 1970. Tübingen und Basel 2001, S. 9f. (ohne Fußnoten)

- *Bereiten Sie einen Kurzvortrag vor, indem Sie die Ursachen für die Veränderungen des Erzählens aufzeigen sowie die Merkmale der Epik des 20. Jahrhunderts darlegen.*
- *Legen Sie in einem zweiten Teil in Ihrem Vortrag dar, inwieweit der Roman „Halbschatten“ die Merkmale der Epik des 20. Jahrhunderts aufnimmt und umsetzt.*

Halbschatten?

Halbschatten – eine physikalische Definition

Bei einer ausgedehnten, oder verschiedenen punktförmigen Lichtquellen, entstehen Kernschatten und Halbschatten. Halbschatten sind Bereiche, in denen es weder komplett hell noch komplett dunkel ist, weil sie nur ein Teil des Lichtes erreicht (bei mehreren Lichtquellen etwa nur das Licht von einer Lichtquelle), die Schattenbilder überlagern sich also. Nur im Kernschatten ist es völlig dunkel. Dieser Bereich gehört zu den Schattenbildern aller vorhandenen Lichtquellen.

URL: http://www.phynet.de/optik/licht-und-schatten (Aufruf: 23.2.2015).
Webmaster: Denis Theurer; Friedemann Winkler; Florian Krause

Baustein 5

„Halbschatten" im historischen Kontext

„An diesem Ort, sagt er, liegt die deutsche, liegt die preußische Geschichte begraben, jedenfalls die militärische." (S. 9)

Mit diesem Zitat beginnt der Graue seine Führung über den Invalidenfriedhof. Der Friedhof ist nicht nur ein Ort, an dem viele prominente Persönlichkeiten aus verschiedenen historischen Epochen von1748 bis 1951 begraben wurden, sondern auch ein Symbol für die Umbrüche deutscher Geschichte, eine „Ruinenlandschaft der deutschen Geschichte"[1]. Diese Symbolik wird im ersten Teil dieses Bausteins erarbeitet.
Im zweiten Teil werden dann exemplarisch einige der historischen Figuren der Stimmencollage genauer untersucht.

5.1 Der Ort der Handlung

Zunächst soll die historische Bedeutung des Ortes über Bilder erfasst werden. Hierzu werden den Schülern Fotos vom Invalidenfriedhof präsentiert (s. **Arbeitsblatt 5**, S. 57).

■ *Beschreiben Sie die Fotos und ordnen Sie diese in ihren historischen Kontext ein.*

Bei den Fotos vom Grabstein des Kampffliegers Bruno Kalffs wird den Schülern dies aufgrund der nationalsozialistischen Symbole sehr leichtfallen, auch die Teile der Berliner Mauer, die den Invalidenfriedhof durchziehen, sind gut erkennbar.
Das erste Foto zeigt das Grabmal für den General Gerhard Johann David von Scharnhorst (1755–1813), preußischer General und einer der zentralen Organisatoren der preußischen Heeresreform. Da er am deutlichsten den Zusammenhang zwischen Militärreform und gesellschaftlichen Veränderungen erkannte, gilt er noch heute als der vorbildlichste der Militärreformer der Zeit der Befreiungskriege. Das Grabmal gilt als das bedeutendste Monument des Friedhofs. Es handelt sich um ein 1843 von Christian Daniel Rauch nach einem Entwurf Karl Friedrich Schinkels errichtetes Grabmal, ein auf zwei 5,60 m hohen Sockeln ruhender Marmorsarkophag, der als Träger eines reliefierten Frieses dient. Die Fries-Szenen aus dem Leben Scharnhorsts gestaltete Friedrich Tieck. Der auf diesem Fries ruhende, 1828 modellierte Löwe geht auf einen Entwurf von Christian Daniel Rauch zurück. Das Grabmal ist aus den Zerstörungen der DDR-Zeit unbeschadet hervorgegangen.
Die drei Fotos deuten die historische Dimension des Ortes für die Umbrüche in der deutschen Geschichte bereits an. An dieser Stelle wird das **Arbeitsblatt 6** (S. 58) zum Lesen gegeben oder die Informationen werden in einem Lehrervortrag gegeben (alternativ kann auch ein Schüler über den Friedhof referieren; im Idealfall – bei räumlicher Nähe zu Berlin – kann der Friedhof besucht werden). Das Arbeitsblatt gibt einen Überblick über die Geschichte des Friedhofs.

[1] Kilb, Andreas: Ein deutsches Requiem. Uwe Timms Halbschatten (2008). In: Kutzmutz, Olaf (Hrsg.): Uwe Timm – lauter Lesarten. Beiträge zur Poetik der Gegenwartsliteratur. Wolfenbütteler Akademie-Texte 45. Wolfenbüttel 2009, S. 71

Nach der Bearbeitung dieser Fakten kann gemeinsam das Zitat von Seite 9 gelesen werden: „An diesem Ort, sagt er, liegt die deutsche, liegt die preußische Geschichte begraben, jedenfalls die militärische." Zusammengefasst werden die Ergebnisse mit einer Frage, dessen Antwort fixiert wird:

- *Welche Umbrüche der deutschen Geschichte spiegeln sich im historischen Ort des Invalidenfriedhofs?*

Der Friedhof kann als Symbol für die preußische Geschichte und die Umbrüche 1933, 1945 und 1989 der deutschen Geschichte verstanden werden.

5.2 Untersuchung einzelner historischer Stimmen

Nachdem es im Baustein 5.1 nur um den Ort der Handlung – zunächst völlig losgelöst vom Roman „Halbschatten" – ging, soll nun genauer betrachtet werden, wie Uwe Timm diesen symbolischen Ort für seinen Roman nutzt. Hierzu werden zunächst wiederholend nochmals die Phasen der Geschichte, die der Invalidenfriedhof erlebt hat, zusammengestellt.
Die Schüler sollen diese benennen, die Antworten werden an der Tafel fixiert. In einer zweiten Spalte der Tabelle werden dann Personen notiert, die Uwe Timm aus der jeweiligen Zeit im Roman „Halbschatten" zu Wort kommen lässt.

- *Fassen Sie noch einmal die Phasen der Geschichte, die auf dem Friedhof deutlich werden, zusammen und ordnen Sie diesen die Personen zu, die Uwe Timm aus der jeweiligen Zeit in seinem Roman zu Wort kommen lässt.*

Es entsteht die folgende Übersicht:

Der Invalidenfriedhof – ein historischer Ort mit historischen Stimmen

Historischer Abschnitt	Repräsentant im Roman (Beispiele)
Preußische Geschichte	Friedrich Friesen
Umbruch 1933 und NS-Zeit	Reinhard Heydrich Hans Eberhart Maikowski Ernst Udet Wilhelm Staehle
Nachkriegszeit/Zeit der Alliierten in Berlin	Dolmetscher der japanischen Botschaft (wird von Rotarmisten erschossen)
Zeit der DDR + Fall der Mauer	–

In kleinen Arbeitsgruppen wählen die Schüler nun eine Person aus, mit der sie sich genauer beschäftigen möchten. In diesen Gruppen werden Präsentationen (mit einem Handout) erstellt. Als Vorbereitungszeit werden die Gruppen ca. eine Doppelstunde benötigen. Jede Gruppe erhält dazu die folgenden Aufgaben:

- *Stellen Sie zunächst die Textstellen aus dem Roman „Halbschatten" zusammen, in denen „Ihre" Person spricht.*

- *Was erfahren Sie über die Person? Stellen Sie dabei nicht nur die Fakten zusammen, sondern gehen Sie auch auf den Charakter ein.*
- *Wie stellt Uwe Timm die Person dar? Welche Rolle gibt er ihr im Roman?*
- *Die Person repräsentiert im Roman einen historischen Abschnitt. Wird die Person dem gerecht?*

Die Gruppen stellen ihre Ergebnisse im Plenum vor. Nach der letzten Präsentation schließt sich eine Diskussion an, ob die historische Ebene (neben dem Schicksal von Marga von Etzdorf) des Romans gelungen erscheint.

- *Kritiker des Romans „Halbschatten“ sind sich nicht einig: Einige bezeichnen die historische Ebene als ein „Mobile, schwebend, tänzelnd und in viele Richtungen offen“[1], andere als zusammenhanglose Stimmen, „derer man manchmal etwas überdrüssig wird“[2]. Nehmen Sie Stellung, indem Sie besonders auch auf die Darstellung der von Ihnen untersuchten Person eingehen.*

Notizen

1 http://www.fr-online.de/literatur/literatur-kunstvolles-mosaik,1472266,3101058.html, Zugriff am 13.11.2014
2 http://www.spiegel.de/spiegel/spiegelspecial/d-60746665.html, Zugriff am 13.11.2014

Der Invalidenfriedhof von Berlin

Grabmal des Generals Gerhard David von Scharnhorst

Grabmal Bruno von Kalffs

Teilstück der Berliner Mauer

Der Berliner Invalidenfriedhof

Der Invalidenfriedhof entstand als Teil der von König Friedrich II. befohlenen Einrichtung eines Invalidenhauses, das im November 1748 von seinen ersten Insassen bezogen wurde. Der Friedhof war bei einer Fläche von etwa drei Hektar als ein reiner Anstaltsfriedhof gedacht. Beide Konfessionen beerdigten bis in die 60er-Jahre des 19. Jahrhunderts ihre Toten auf diesem Friedhof. Darüber hinaus wurde es Brauch, ihn für andere Personen, insbesondere Soldaten, zu öffnen.
Mit dem Bau der Wohnhäuser und Industrieanlagen in der direkten Umgebung des Invalidenhauses entstanden zwei Zivilgemeinden – eine katholische und eine evangelische –, die ihre Toten auf dem Friedhof beerdigten.
Nach den Befreiungskriegen von 1813–1815 wurde der Invalidenfriedhof Begräbnisplatz für namhafte und verdienstvolle Offiziere des preußischen Heeres. Ein Grabfeld wurde den Nobilitäten der Armee vorbehalten.
Nach 1925 wurden zum ersten Mal Gräber eingeebnet, die länger als 30 Jahre bestanden und für die keine Gebühren mehr entrichtet wurden. Damals halbierte sich die Zahl der Gräber von 6000 auf ca. 3000.
Während der NS-Zeit war die Behandlung des Friedhofs unterschiedlich. Einerseits galten die preußischen Eliten als reaktionär, der Friedhof sollte überbaut werden. Andererseits gab es Planungen, die wichtigsten Grabmäler des Invalidenfriedhofs in einer riesigen, überwölbten „Soldatenhalle“ aufzustellen. Zu der Zeit wurden sehr unterschiedliche Persönlichkeiten auf dem Friedhof beerdigt: einige wenige Vertreter des NS-Regimes (u. a. R. Heydrich), aber auch Widerstandskämpfer (z. B. W. Staehle).
Kurz vor Ende des Zweiten Weltkrieges wurde ein Teil des Invalidenfriedhofs zum Kampfgebiet. Die Spuren der erbitterten Gefechte sind an einigen Grabstätten noch heute sichtbar, Grabsteine und Kreuze sind schwer beschädigt.
Nach dem Ende des Zweiten Weltkrieges wurde der Invalidenfriedhof als zweitältester Militärfriedhof Berlins durch alliierten Kontrollratsbeschluss als militärisches Objekt beschlagnahmt. Zahlreiche Denkmäler, Einfriedungen, Bänke usw. wurden abgebaut.
Der Beginn des Baus der Mauer am 13. August 1961 leitete eine weitere Etappe der Zerstörung des Friedhofs ein: Bereiche des Friedhofs wurden „Grenzgebiet“. Teile des Friedhofs wurden in ihrer Nutzung umgewidmet, der Zugang wurde eingeschränkt. Der vollständigen Zerstörung entging der Invalidenfriedhof wohl nur deshalb, weil auf ihm Persönlichkeiten wie von Scharnhorst und Karl Friedrich Friesen (1784–1814, Mitbegründer der deutschen Turnbewegung) ruhten, die die DDR ideologisch für sich zu vereinnahmen suchte.
Trotz schwerer Verwüstungen während der DDR-Zeit bot der Invalidenfriedhof nach der Maueröffnung 1990 immer noch ein nahezu geschlossenes Bild der Berliner Grabkultur der letzten mehr als 200 Jahre. In Erkenntnis dieser Tatsache wurde der Friedhof noch 1990 unter Denkmalschutz gestellt. Seitdem begann die systematische denkmalpflegerische Arbeit u. a. eines neu eingerichteten Fördervereins für den Friedhof.

Autorentext in Anlehnung an: Hans-Jürgen Mende (Hrsg.): Invalidenfriedhof. Ein Friedhofsführer. Berlin: Simon Verlag 2003, S. 3–5

- *Lesen Sie nun nochmals die Seite 9 im Roman „Halbschatten“. Welche Umbrüche der deutschen Geschichte spiegeln sich im historischen Ort des Invalidenfriedhofs?*

Baustein 6

Das Selbstverständnis des Autors Uwe Timm – Biografie und künstlerische Ansprüche

Aus Anlass seines 65. Geburtstags erschien ein Buch mit Texten zu den Werken Uwe Timms. Eine Freundin Timms veröffentlichte in diesem Band folgendes Gedicht:

Timm-Lektüren von Dagmar Leupold[1]
Bücher, die man behält –
nein, nicht auswendig, sondern,
wie im Englischen, *by heart*

Denn
sie sind so:
beherzt

Im vorliegenden Baustein werden zwei Fragen gestellt:

- Wer ist eigentlich Uwe Timm und wie viel Autobiografisches findet sich in dem Roman „Halbschatten"?
- Welche Bedeutung hat Literatur – also auch der Roman „Halbschatten" – aus Uwe Timms Sicht eigentlich in unserer Zeit?

Die erste Frage soll im Abschnitt 5.1 beantwortet werden. Hier geht es darum, einiges über den Autor Uwe Timm zu erfahren, aber besonders zu hinterfragen, ob der Ich-Erzähler Übereinstimmungen mit dem Autor aufweist.
Die zweite Frage (mit Annäherungen an eine Antwort im Abschnitt 5.2) soll mithilfe von Textauszügen aus einer Poetikvorlesungsreihe[2] von Uwe Timm an der Universität Paderborn aus dem Wintersemester 1991/92 erarbeitet werden. In dieser Vorlesung geht Timm auf Fragen nach den Gründen für das Schreiben, die Aufgaben von Literatur und auf das Erzählen in der Zeit ein. Diese Ausführungen sollen im Unterricht jeweils auf den (damals noch nicht verfassten) Roman „Halbschatten" bezogen werden.

6.1 Der Autor Uwe Timm – das Alter Ego des Ich-Erzählers?

Mit dem Roman „Halbschatten" tritt Uwe Timm scheinbar einen Schritt hinter seine vorherigen, autobiografisch geprägten Bücher (z. B. „Heißer Sommer", „Am Beispiel meines Bruders" oder „Der Freund und der Fremde") zurück. Statt der Stimme des Autors hört der Leser einen vielstimmigen Chor fremder, zum Teil dokumentarischer, teils fiktiver, oft aber auf historischen Personen und Ereignissen beruhender Stimmen.

---

[1] Leupold, Dagmar: Timm-Lektüren. In: Malchow, Helge (Hrsg.): Der schöne Überfluss. Texte zu Leben und Werk von Uwe Timm. Köln 2005, S. 85
[2] Timm, Uwe: Erzählen und kein Ende. Köln 1993

Was haben alle diese Geschichten mit der Biografie des Autors Timm zu tun? Um dies zu erkennen, muss der Leser die Lebensgeschichte Timms kennen. Hierzu bietet das Zusatzmaterial Übersichtswissen (s. **Zusatzmaterial 5**, S. 73 f.). Alternativ kann auch ein Schüler die Aufgabe übernehmen, in einem Referat über den Autor zu berichten. Hier bietet die Biografie von Martin Hielscher[1] gutes Material zur Vorbereitung.

Nachdem die Schüler Wissen über Uwe Timm erworben haben, werden nochmals gemeinsam die Seiten 92–94 gelesen. Es handelt sich um die Textstelle, in der der ansonsten passive Ich-Erzähler, der während des Romans sonst als Rezipient fungiert, selbst das Wort ergreift und aus seinem Leben erzählt. Die Schüler bearbeiten zu dieser Textstelle die folgenden Aufgaben:

- *Benennen Sie die Sprecher der Passagen auf den Seiten 92–94.*
- *Erläutern Sie, warum der Erzähler plötzlich eine Schreckensvision, vermischt mit wahren Erinnerungen, hat.*
- *Erläutern Sie, inwieweit die Textstelle autobiografisch konnotiert ist.*

Die erste Arbeitsfrage ist leicht zu beantworten: Der Ich-Erzähler tritt klar in den Vordergrund, er setzt sich mit einem Ausruf „Ich. Ich. Ich." (S. 93) gegen die anderen Stimmen durch. Anschließend berichtet der Erzähler seinem Friedhofsführer von einem Tagtraum, den er als Student bei der Vorbereitung auf eine schwierige Prüfung hatte. Der Ich-Erzähler sieht sich selbst als Mitmarschierer und Gefangener des deutschen Militarismus.
Ausgelöst wurde die Vision durch eine Anekdote aus den Coburger Nachkriegserlebnissen Christian von Dahlems, von der Miller berichtet, in der von Dahlem im November 1928 durch beherztes Eingreifen dem letzten regierenden Herzog von Sachsen-Coburg-Gotha den Weg durch eine randalierende Volksmenge bahnt. (S. 83 ff.)
Die Schreckensvision ist auf zweierlei Weisen mit der Lebensgeschichte Uwe Timms in Verbindung zu bringen. Zum einen führt sie in die Kindheit des Schriftstellers, der sich nach seiner Evakuierung aus Hamburg von 1943 bis 1945 bei der Familie seines Onkels in Coburg aufhält und dort das Kriegsende miterlebt. Zum anderen weckt die Vision Erinnerungen an den eigenen Vater, der den Sohn militärisch erzieht und zudem immer mit besonderem Stolz auf seinen im Krieg gefallenen Sohn blickt, der aus Überzeugung für den Nationalsozialismus in den Krieg gezogen ist.
Das Material der Schüler gibt nicht die Information, dass auch der Vater Hans Timm bereits in Coburg gearbeitet hat. Im Lehrervortrag kann Folgendes ergänzt werden: Im Alter von zehn Jahren wurde Timms Vater von Hamburg aus dorthin zu seiner Tante geschickt, um das Handwerk des Tierpräparators zu erlernen. Er erlebte in Coburg die letzten Jahre der wilhelminischen Gesellschaft. Die Lehrzeit in Coburg, so vermutet Uwe Timms Biograf Martin Hielscher, könnte bei Hans Timm „den lebenslangen Hang zu aristokratischen Lebensformen"[2] ausgelöst haben. Bei Kriegsende schließt sich Hans Timm einem der Freikorps an, die im Baltikum gegen die Bolschewisten kämpfen. Die Freikorps bilden auch einen Motivstrang im Roman „Halbschatten": „Die Eiserne Schar im Baltikum. Das war unsere Kameradschaft." (S. 131)

Im Anschluss an die Bearbeitung der autobiografischen Elemente auf den Seiten 92 bis 94 – ausgehend vom Sachtext über Uwe Timm – kann vertiefend noch ein Bericht aus dem Tagesspiegel vom 04.09.2008 gelesen werden (vgl. **Zusatzmaterial 6**, S. 74 f.). Er vertieft

---

1 Hielscher, Martin: Uwe Timm. dtv portrait 31081. München 2007
2 Aus: Hielscher, Martin: Uwe Timm. dtv portrait 31081. München 2007, S. 11

nochmals die erarbeiteten Bezüge zum Leben des Autors und die Nähe Uwe Timms zum Ich-Erzähler (z. B. dass auch Timm den Friedhof besucht), gleichzeitig wird die historische Dimension des Romans nochmals reflektiert, die bereits in Baustein 5 Thema des Unterrichts war.

6.2 „Erzählen und kein Ende"[1] – Uwe Timms Selbstverständnis als Autor

Im Wintersemester 1991/92 hat Uwe Timm an der Universität Paderborn eine Poetikvorlesung gehalten, in der er auf sein Selbstverständnis als Autor eingeht. Diese Vorlesung ist in gedruckter Form im Verlag Kiepenheuer und Witsch erschienen. Somit können die Texte bei der Bearbeitung des Romans „Halbschatten" gewinnbringend in den Unterricht einbezogen werden. Im **Zusatzmaterial 7** (S. 76–80) finden sich drei Auszüge aus der Vorlesung.

Diese Auszüge beschäftigen sich mit drei unterschiedlichen Fragen:

- Warum schreibt der Autor?
- Welche Aufgabe hat Literatur in unserer Zeit?
- Welche Bedeutung hat Literatur im historischen Kontext?

Im Unterricht werden dazu die drei Auszüge aus Timms Vorlesung bearbeitet, dies ist arbeitsteilig möglich; um die Texte aber genauer zu analysieren, empfiehlt es sich, jeden Text vom gesamten Kurs lesen zu lassen.
Als vorbereitende Aufgabe lesen die Schüler den ersten Auszug (**Zusatzmaterial 7**, S. 76 f.) und beantworten bereits die folgenden Arbeitsfragen:

- *Stellen Sie die Gründe zusammen, warum Uwe Timm schreibt.*
- *Erläutern Sie den Zusammenhang zwischen den gerade erarbeiteten Gründen und dem Roman „Halbschatten".*

Die Gründe, die Timm benennt, können im Unterricht in Stichworten an der Tafel fixiert werden. Die jeweiligen Bezüge zum Roman werden dann diskutiert und anschließend in das Tafelbild (z. B. mit einer andersfarbigen Kreide, hier kursiv gedruckt) eingefügt:

[1] Titel der Poetikvorlesung Uwe Timms an der Universität Paderborn WS 1991/92, als Abdruck erhältlich: Timm, Uwe: Erzählen und kein Ende. Versuche zu einer Ästhetik des Alltags. Köln 1993

Warum schreibt Uwe Timm?

- innerer Antrieb, Berufung, schreiben müssen
- um sich selbst Klarheit über die Welt zu verschaffen ➡ *Reflexion der historischen Wendepunkte deutscher Geschichte und verschiedenster Sichten auf die deutsche Geschichte*
- um erlittene Verletzungen zu verarbeiten ➡ *Verarbeitung des Verhaltens des eigenen Vaters*
- Schreiben gibt dem kreisenden Denken eine Struktur, eine geradlinige Ordnung ➡ *Struktur bleibt durch die Montagetechnik sehr offen, Collage ohne geradlinige Ordnung*
- Bilder (im Alltag) regen zum Schreiben an ➡ *Timm war selbst Besucher auf dem Friedhof, hat den Ort vor Augen*
- Umgang mit Ängsten und Trieben (über die er nicht sprechen kann) ➡ *Verhältnis zum Vater (?)*
- Wahrnehmung für gesellschaftliche Verhaltensmuster wird geschärft bzw. die Wahrnehmung wird erweitert ➡ *die Stimmen beleuchten z. B. den Umgang mit dem Nationalsozialismus sehr unterschiedlich, das Sprechen der Toten als Erweiterung des eigenen Denkens*
- die Wahrnehmung wird (subjektiv vom Autor) geordnet, der Autor bietet eine Struktur ➡ *Autor bietet zum Suizid Marga von Etzdorfs eigene Deutungshypothesen*

Der zweite Auszug (s. **Zusatzmaterial 7**, S. 77 ff.) aus der Vorlesung bezieht sich dann nicht mehr auf die Person des Autors, sondern auf die Werke und die Aufgaben von Literatur. Auch hier sollte der Text zunächst vorbereitend gelesen werden, um ihn dann in Kleingruppen geleitet von Arbeitsfragen zu erarbeiten.
Die Kleingruppen erstellen Folien zu den folgenden Arbeitsfragen:

- *Nennen und erläutern Sie die Funktionen, die Timm der Literatur zuweist.*
- *Welche Bedeutung hat die Wahrheit im Erzählen für Uwe Timm?*
- *Erläutern Sie den Zusammenhang zwischen dem gerade Erarbeiteten und dem Roman „Halbschatten".*

Die Ergebnisse werden von den Gruppen präsentiert und im Unterrichtsgespräch jeweils von den anderen Schülern ergänzt. Eine zusätzliche Fixierung als Tafelbild ist nicht unbedingt notwendig, es sollten aber die folgenden Ergebnisse zu erwarten sein:

Funktionen von Literatur

- Geschichten schaffen Distanz zum Erlebten.
- Bewusstwerdung durch diese Distanz (Beispiel: Tagebuch schreiben)
- Selbstverständigung (durch die Bewusstwerdung)/Zwiegespräch mit sich selbst
- Bewusstseinszustand wird durch Literatur verändert, bestätigt, veredelt.
- Literatur versucht, dem Leser „ein Licht aufzustecken".

Die Bedeutung der Wirklichkeit in der Literatur

- Literatur bildet Wirklichkeit nicht ab, aber sie kann die Wahrnehmung für die Wirklichkeit schärfen.
- Literatur zeigt, wie interpretierbar die Wirklichkeit ist.
- Literatur kann nicht aufhebbare Widersprüche zeigen, auch, indem Wirklichkeit bewusst verändert werden darf.
- Literatur kann so Möglichkeiten aufzeigen, ohne dabei in Kategorien von falsch und richtig zu denken.

Bezüge zum Roman „Halbschatten"

- Die fiktionalen Ergänzungen zum Leben Marga von Etzdorfs (Liebe zu von Dahlem, Waffenschmuggel) geben dem Suizid neue Deutungsmöglichkeiten.
- Durch die Stimmen der Toten wird Geschichte neu beleuchtet.
- Die Figuren (z. B. das naive Fräulein Erpenbeck) geben eine neue, dem Leser noch unbekannte Sicht auf die Historie.

Der dritte Textauszug kann ergänzend im Unterricht bearbeitet werden, dazu können die folgenden Arbeitsfragen bearbeitet werden. Die produktionsorientierte Aufgabe am Ende kann auch als Fernsehinterview vorgespielt werden.

- *Wieso ist die zeitliche Distanz für Uwe Timm eine Voraussetzung für das Erzählen?*
- *Erläutern Sie den letzten Satz: „[...] diese Überflüssigkeit ist die Qualität der Literatur."*
- *Gestalten Sie ein fiktives Interview mit Uwe Timm. Gehen Sie in Ihren Fragen (und „seinen" Antworten) darauf ein, welchen Einfluss diese literaturtheoretischen Überlegungen auf den Roman „Halbschatten" haben. Sprechen und spielen Sie dieses Interview.*

Notizen

Baustein 7

Rezeption des Romans

In diesem Baustein wird nun abschließend danach gefragt, wie der Roman von der Literaturkritik und der Öffentlichkeit aufgenommen wurde. Daran anschließend sollen die Schülerinnen und Schüler selbst zu einer wertenden Meinung zu dem Roman gelangen.

7.1 Rezensionen verschiedener Zeitungen

Als der Roman 2008 erschien, griffen nahezu alle großen deutschsprachigen Tageszeitungen das Werk für eine Buchbesprechung auf. Diese Rezensionen fielen sehr unterschiedlich aus, sicherlich auch ausgelöst durch den völlig anderen Stil des Romans im Vergleich zu den vorangegangenen Werken Uwe Timms wie „Am Beispiel meines Bruders".
Im **Zusatzmaterial 8 bis 10** (S. 81 ff.) finden sich Rezensionen aus der Frankfurter Allgemeinen Zeitung, der Neuen Züricher Zeitung und der Tageszeitung (taz), diese Texte können arbeitsteilig vorbereitet werden, sodass jeder Schüler nur einen Artikel vorbereitet. Die erste Rezension aus der FAZ äußert sich schwärmend über einen berührenden und beeindruckenden Roman, während die Neue Züricher Zeitung zu dem Schluss kommt, dass der Roman von Uwe Timm an der Diffusität der Stimmen und der Verbindungslosigkeit der Geschichten scheitert, dem Rezensenten Jandl fehlt im Roman ein „eigener Ton" zwischen den etwas überwältigenden Bruchstücken. Auch eher kritisch äußert sich die dritte Rezension aus der taz von Christoph Schröder. Für ihn habe Timm gewagt, aber nicht gewonnen. So wirft er dem Roman vor, mitunter hochgradig kitschgefährdet zu sein.

Der Kurs wird also in drei Gruppen eingeteilt, die die folgenden Aufgaben bearbeiten:

- *Lesen Sie die Rezension „Seufzen und Sausen" vom 06.07.2009 aus der „Frankfurter Allgemeinen Zeitung". Stellen Sie die positiven und negativen Aspekte des Romans, die der Rezensent benennt, tabellarisch gegenüber.*
- *Lesen Sie die Rezension „Uwe Timms ambitionierter Deutschlandroman ‚Halbschatten'" vom 17.09.2008 aus der „Neuen Züricher Zeitung". Stellen Sie die positiven und negativen Aspekte des Romans, die der Rezensent benennt, tabellarisch gegenüber.*
- *Lesen Sie die Rezension „Hier spricht Deutschland" vom 23.08.2008 aus der „Tageszeitung". Stellen Sie die positiven und negativen Aspekte des Romans, die der Rezensent benennt, tabellarisch gegenüber.*
- *Nehmen Sie kritisch zu der Position des Rezensenten Stellung.*

Die Ergebnisse werden von den einzelnen Schülergruppen vorgetragen und an der Tafel festgehalten:

„Halbschatten" – Literaturkritiken nach der Erstausgabe 2008

Positive Kritik

- bewundernswerte Collage, der Bau des Stimmenteppichs gibt seine Deutung nicht plump und direkt, sondern subtil und kunstvoll preis (Bahners)
- Romanze zwischen Etzdorf und von Dahlem ist sehr feinfühlig erzählt (Jandl)
- Personal (Miller und Fräulein von Erpenbeck) als geniale Ergänzung für die Erzählung (Jandl)
- Chor von Stimmen ist sehr kunstvoll und elegant, erzielt beim Leser große Wirkung (Schröder)

Negative Kritik

- die Gründe für das Sprechen einzelner Nazigrößen ist unklar, manchmal auch plakativ (Bahners, Jandl)
- Verbindung zwischen den Figuren oft zu gering, zu aufgesetzt (Jandl)
- oft fehlt dem Roman der eigene Ton (Jandl)
- Rahmenhandlung (Erzähler bucht Friedhofsführung) sehr simpel (Schröder)
- das Gesprochene wirkt oft sehr aufgesetzt – „Kitschnähe" (Schröder)
- nicht vergleichbar mit dem großen Werk „Echolot" von Walter Kempowski (Schröder)

7.2 Verfassen einer Rezension

Nach der Analyse des Romans und der Untersuchung und Reflexion verschiedener Rezensionen des Werkes sind die Schüler nun in der Lage, eine fachlich fundierte und nicht nur vom ersten (vielleicht befremdenden) Leseeindruck geleitete Bewertung des Romans „Halbschatten" vorzunehmen. Entsprechende Hilfestellungen für diesen produktiven Schreibauftrag hält das **Arbeitsblatt 7** auf Seite 66 bereit.

- *Verfassen Sie eine Rezension zum Roman „Halbschatten" von Uwe Timm. Berücksichtigen Sie auch die Tipps zum Verfassen solcher Texte.*

Einzelne Schüler tragen ihre Rezensionen vor, im Unterrichtsgespräch wird diskutiert, welche Aussagen der Mitschüler nachvollziehbar sind. Dabei ist es zunächst unerheblich, ob und inwiefern sie dem Rezensenten in seiner Meinung zustimmen. Entscheidend ist, dass die eigene Position fachlich fundiert begründet wird und die Argumentation schlüssig ist.

Verfassen einer Rezension

Gero von Wilpert versteht eine Rezension (lat. recensio = Musterung) als „kritische Beurteilung und Besprechung einer Schrift (…) durch einen Rezensenten in einer Zeitung oder Zeitschrift“[1]. Sie dient im Wesentlichen dazu, den Leser über eine Neuveröffentlichung auf dem Buchmarkt zu informieren (Informationsfunktion) und die Qualität des Werkes zu beurteilen.
Thomas Anz ist der Auffassung, dass der Rezensent dem Leser auf diese Weise einen Überblick über „eine zunehmend unüberschaubare Zahl von Neuerscheinungen“ verschaffe und somit eine „Entscheidungshilfe zum Kauf und zur Lektüre“[2] liefere (Selektionsfunktion).
Die zu den journalistischen Textsorten zählende Rezension hat als solche zudem eine Unterhaltungsfunktion[3], weshalb sich der Rezensent der im Journalismus gängigen Stilmittel bedient, um auch die Literaturkritik selbst für die Literaturinteressierten zu einem Leseerlebnis zu machen.
Gerade Letzteres setzt bei dem Rezensenten ein hohes Maß an Schreibkompetenz voraus, weshalb im Folgenden einige Tipps zum Verfassen einer Rezension[4] gegeben werden sollen, um die Leserschaft zu begeistern.

[1] Wilpert, Gero von: Sachwörterbuch der Literatur. 7., verbesserte und erweiterte Auflage. Stuttgart 1989, S. 769
[2] Anz, Thomas: Theorien und Analysen zur Literaturkritik und zur Wertung. In: Anz, Thomas und Rainer Baasner (Hrsg.): Literaturkritik. Geschichte – Theorie – Praxis. München 2004, S. 195
[3] Vgl. ebenda, S. 196
[4] In Anlehnung an: ebenda, S. 226–228

Tipps zum Verfassen einer Rezension

1. Überlegen Sie sich einen originellen und sinnstiftenden Titel für Ihre Rezension, der zum Lesen einlädt.
2. Informieren Sie den Leser kurz über den Autor bzw. dessen vorangegangene Bücher sowie die Entstehungsbedingungen des von Ihnen besprochenen Buches, sofern der Autor noch relativ unbekannt sein sollte.
3. Fassen Sie den Inhalt des Buches kurz und prägnant zusammen, um dem Leser eine Orientierung zu geben. Achten Sie darauf, dass Ihre Inhaltsangabe aber keinesfalls den Ausgang der Handlung vorwegnimmt.
4. Benennen und beschreiben Sie das Besondere und/oder das Neue des Buches (Thema, Aktualität, Aufbau o. Ä.).
5. Bewerten Sie den Roman in Bezug auf einzelne, von Ihnen ausgewählte Aspekte (vgl. Punkt 4) und begründen Sie Ihr Urteil mit nachvollziehbaren Argumenten. Führen Sie prägnante, gut gewählte Zitate aus dem Buch als Kostprobe an.
6. Verwenden Sie einen Schreibstil, der über eine rein sachliche Sprache hinausgeht. Arbeiten Sie z. B. mit bildhaftem Vokabular, wertenden Adjektiven bzw. Attributen, rhetorischen Figuren. Verwenden Sie zudem die notwendigen literaturwissenschaftlichen Fachbegriffe in korrekter Form.
7. Bewerten Sie abschließend den von Ihnen besprochenen Roman insgesamt und sprechen Sie ggf. eine begründete Empfehlung aus.

Titelbilder verschiedener Buchausgaben

- *Betrachten Sie das jeweilige Titelbild. Halten Sie es für gelungen? Begründen Sie Ihre Meinung.*
- *Der Roman „Halbschatten" soll aufgrund der hohen Nachfrage in einer Neuauflage erscheinen. Sie werden als Illustrator mit dem Entwurf des Umschlags beauftragt. Entwerfen Sie das Titelbild und begründen Sie Ihren Entwurf.*

Bilder von Marga von Etzdorf

- *Welchen Eindruck haben Sie von der dargestellten Frau?*
- *Beschreiben Sie die Frau.*
- *Welche Gedanken gehen der Frau auf dem ersten Bild wohl gerade durch den Kopf? Verfassen Sie einen inneren Monolog.*

Die Technik des Erzählens

Ein besonderes Kennzeichen erzählender Texte ist, dass in ihnen in der Regel eine **in der Zeit fortschreitende Handlung** dargestellt wird. Dies geschieht durch einen **Erzähler**, der für den Leser mehr oder weniger deutlich erkennbar ist.

Autor – Erzähler	Vom **Autor** eines Erzähltextes unterscheidet man den **Erzähler**, der als vermittelnde Instanz zwischen Autor und Leser tritt. Auch wenn der Erzähler Ähnlichkeiten mit dem Autor aufweisen kann, z. B. wenn autobiografische Erfahrungen verarbeitet werden, muss immer zwischen Autor und Erzähler **getrennt werden**.
Erzählform	Der Erzähler kann zwei Erzählformen verwenden, nächmlich die **Ich-Erzählung** (der Erzähler tritt selbst in Erscheinung, spricht von sich und verwendet das Personalpronomen der 1. Person Singular) oder die **Er-/Sie-Erzählung** (der Erzähler berichtet über andere, er wählt in der Regel das Personalpronomen der 3. Person Singular). In seltenen Fällen benutzen Erzähler die **Du-Erzählform.**
Erzählperspektive und Erzählstandort	Man unterscheidet hier die **Innen-** und **Außensicht**. Der Erzähler kann sich auf das beschränken, was er als Betrachter von außen wahrnehmen kann (Außensicht); er kann aber auch in die Figuren hineinsehen und die Wahrnehmungen, Gedanken und Gefühle mitteilen – dann erzählt er aus der Innensicht der Figuren. Er vermittelt dem Leser so das Gefühl, unmittelbarer am Geschehen teilzuhaben. Der Erzähler kann konstant die Sichtweise einer Figur einnehmen, er kann aber auch zwischen den Sichtweisen verschiedener Figuren wechseln **(Multiperspektivität).** Wichtig ist auch, welchen **Standort** der Erzähler zum erzählten Geschehen einnimmt. Er kann außerhalb der von ihm erzählten Welt stehen und als an der Handlung Unbeteiligter berichten. Er erzählt dann aus großer **Distanz**, hat zumeist den Überblick über die gesamte Handlung und kennt auch deren Vorgeschichte und Fortgang; man spricht in diesem Fall von einem **olympischen** oder **allwissenden Erzähler**. Der Erzähler kann aber auch Teil der von ihm erzählten Welt sein. Er ist dann sehr **nah am Geschehen** und hat in der Regel nur eine **eingeschränkte Perspektive** auf die Figuren und die Handlung. Wie wir das Erzählte wahrnehmen, hängt ganz wesentlich davon ab, wie Erzählperspektive und Erzählstandort gewählt sind. Diese können innerhalb eines Textes wechseln.
Erzählverhalten	Man unterscheidet zwischen auktorialem, personalem und neutralem **Erzählverhalten.** Das Erzählverhalten kann innerhalb eines Textes wechseln. Beim **auktorialen Erzählverhalten** tritt eine Erzählfigur deutlich hervor, die das erzählte Geschehen arrangiert und kommentiert und sich dabei auch direkt an den Leser wenden kann. Der auktoriale Erzähler weiß in der Regel mehr als die handelnden Figuren, überblickt das Geschehen, kann die Figuren direkt charakterisieren und gibt dem Leser Hinweise auf Geschehnisse, die vor der erzählten Handlung liegen oder erst später erfolgen werden. Der Erzählstandort ist meistens der des allwissenden Erzählers. Beim **personalen Erzählverhalten** beschränkt sich der Erzähler auf die Sicht einer oder mehrerer Figuren. Der Leser erlebt das Geschehen sowie die Wahrnehmungen, Gedanken und Gefühle der handelnden Figur(en) scheinbar unmittelbar aus deren Sicht. Der Erzähler tritt beim personalen Erzählverhalten weitgehend hinter die Figur(en) zurück. Beim **neutralen Erzählverhalten** wird das Geschehen vom Erzähler wie von einem unbeteiligten Beobachter dargestellt. Er wird vom Leser in der Regeln nicht bemerkt und konzentriert sich auf die äußerlich wahrnehmbaren Vorgänge.
Erzählhaltung	Der Erzähler kann dem von ihm erzählten Geschehen und den von ihm dargestellten Figuren **neutral** gegenüberstehen, er kann aber auch eine **wertende Einstellung** einnehmen. Sie kann zustimmend oder ablehnend, ironisierend, satirisch, kritisch oder humorvoll sein. Diese als Erzählhaltung bezeichnete wertende Einstellung des Erzählers darf nicht als Auffassung des Autors missverstanden werden, auch wenn sich die Auffassungen des Autors spiegeln können.

Zeitstruktur	Viele erzählende Texte sind gekennzeichnet von einer **chronologischen Abfolge** der Handlungsschritte. Die chronologische Ordnung des Geschehens kann der Erzähler aber durch **Rückwendungen** und **Vorausdeutungen** durchbrechen. Die Zeitspanne, die man braucht, um einen Text zu lesen, bezeichnet man als **Erzählzeit**; die **erzählte Zeit** ist dagegen die Zeitspanne, über die sich das erzählte Geschehen erstreckt. Man unterscheidet: • zeitdehnendes Erzählen (Erzählzeit größer als erzählte Zeit), • zeitdeckendes Erzählen (Erzählzeit und erzählte Zeit gleich lang), • zeitraffendes Erzählen (erzählte Zeit größer als Erzählzeit, z. B. durch Aussparungen oder Zeitsprünge).
Raum	Der Raum ist in einem erzählenden Text zunächst der **Handlungsort**, an dem sich das Geschehen zuträgt. Dieser kann zur **Charakterisierung der Figuren** oder zur Ausgestaltung der **Atmosphäre** beitragen, aber auch **symbolische Bedeutung** haben.
Darbietungsformen	Der Erzähler kann das Geschehen auf verschiedene Weise darbieten; grundlegend ist hier zu unterscheiden zwischen dem **Erzählerbericht** und der **Figurenrede**. In einem **Erzählerbericht** kann der Erzähler **berichten, beschreiben** und **kommentieren/erörtern**. Diese Passagen sind als Äußerungen des Erzählers erkennbar. Als **Figurenrede** bezeichnet man alle Äußerungen, die erkennbar einer Figur der Handlung zugeordnet werden können; hierzu gehören auch unausgesprochene Gedanken und Empfindungen einer Figur. Die Figurenrede lässt sich auf verschiedene Weise darstellen: • Oft tritt sie als **direkte** oder **indirekte Rede** auf, z. B. wenn ein **Dialog** dargestellt wird. Solche Passagen haben fast den Charakter einer Dramenszene, man spricht deshalb auch von **szenischer Darstellung**. • Auch die Wiedergabe der Gedanken einer Figur gehört zur Figurenrede. Der Erzähler kann durch den Einsatz eines **inneren Monologs** oder der **erlebten Rede** den Eindruck großer Unmittelbarkeit erreichen und weitgehend hinter der Figur zurücktreten. Der **innere Monolog** steht in der 1. Person Singular Präsens (meistens Indikativ) und wird ohne Anführungszeichen dargeboten. Er gibt unmittelbar die Wahrnehmungen, Empfindungen, Überlegungen und Assoziationen einer Figur wieder. Der innere Monolog kann bis zum **Bewusstseinsstrom** (stream of consciousness) gesteigert werden, in dem zusammenhängende Gedankenführung und herkömmliche Satzstruktur weitgehend aufgelöst werden können. Die **erlebte Rede** unterscheidet sich vom inneren Monolog dadurch, dass sie in der 3. Person und in der Regel im Präteritum steht.

Aus: Johannes Diekhans (u. a.): P.A.U.L. D. – Persönliches Arbeits- und Lesebuch Deutsch. Oberstufe: Schülerband. Paderborn: Schöningh 2013, S. 536–538

4

Das Zigarettenetui

- *Im Roman „Halbschatten" gibt es zahlreiche Fundstellen für das Symbol des Zigarettenetuis. Fallen Ihnen entsprechende Textstellen ein?*
- *Durch wessen Hände wandert das Zigarettenetui im Laufe des Romans?*
- *Welche Bedeutung hat das Zigarettenetui für die unterschiedlichen Personen?*

Uwe Timm – Material zur Biografie des Autors

Uwe Timm wurde 1940 in Hamburg geboren. Er war der Nachzügler in der Familie und stand bei seinem autoritären Vater im Schatten des 16 Jahre älteren Bruders Karl-Heinz, der sich freiwillig zur SS-Totenkopfdivision meldete und 1943 in einem Lazarett in der Ukraine starb. In seiner autobiografischen Erzählung „Am Beispiel meines Bruders" (2003) unternahm Uwe Timm Jahrzehnte später den Versuch einer literarischen Annäherung an Bruder und Vater.

Geschichten faszinierten Uwe Timm von klein auf: Er lauschte dem „Seemannsgarn" seines Großvaters, einem Kapitän, schlich immer wieder zu seiner Tante ins Hafenviertel, in deren Küche sich Leute aus dem Rotlichtmilieu trafen, und schrieb schon als Schuljunge eigene Geschichten. [Im Spätherbst 1943, in dem Hamburg von Bomben zerstört wird, werden Uwe und seine Mutter – der Vater ist als Soldat im Krieg – nach Coburg evakuiert. Hier leben die beiden zwei Jahre lang.][1] Er machte eine Kürschnerlehre, die Prüfung bestand er mit Auszeichnung. Nach dem Tod des Vaters leitete er 3 Jahre lang das Kürschnergeschäft, machte dann am Braunschweig-Kolleg sein Abitur und studierte in München und Paris Philosophie und Germanistik. Er promovierte mit einer Arbeit über Albert Camus. Anschließend studierte er Soziologie und Volkswirtschaftslehre.

Den Aufbruch Ende der Sechzigerjahre erlebte Uwe Timm als Student aktiv mit – und setzte der Studentenrevolte mit seinem ersten Roman „Heißer Sommer" (1974) ein literarisches Denkmal. In „Der Freund und der Fremde" (2007) schreibt Uwe Timm über seine Freundschaft zu Benno Ohnesorg, der 1967 auf der Anti-Schah-Demonstration in Berlin erschossen wurde. Uwe Timm gehört zu den wichtigsten Vertretern der 68er-Generation, die Aufarbeitung dieser Zeit zieht sich durch sein gesamtes Werk. In dem Roman „Kerbels Flucht" (1980) zerbricht ein Münchner Student und Taxifahrer an der Gesellschaft, und in „Rot" (2001) lässt Uwe Timm 30 Jahre jüngste deutsche Geschichte Revue passieren.

Neben der Auseinandersetzung mit der eigenen reizen den Autor auch fremde Kulturen: Seine Recherche- und Entdeckungsreisen führten ihn unter anderem bis nach Namibia, Peru und auf die Osterinseln. So handelt der Roman „Morenga" (1978) vom Kolonialkrieg in Deutsch-Südwestafrika im Jahre 1904, „Der Schlangenbaum" (1986) spielt in Südamerika, und in „Vogel, friß die Feige nicht. Römische Aufzeichnungen" (1989) dokumentiert Uwe Timm einen zweijährigen Aufenthalt in der Hauptstadt Italiens. Heute lebt er in München und Berlin.

Uwe Timm ist dem Besonderen im Alltäglichen auf der Spur. Die Ausgangspunkte für seine Bücher sind real: Kindheitserinnerungen im „Mann auf dem Hochrad" (1984) oder in der „Entdeckung der Currywurst" (1993), eine Geschichte über die Kartoffel in „Johannisnacht" (1996) oder eben auch allgemein gesellschaftspolitische Betrachtungen wie in „Rot" oder „Kopfjäger" (1991). Und doch geht es dem Schriftsteller nie um ein getreues Abbild der Wirklichkeit: „Der Erzähler erzählt nicht nur nach, sondern neu und anders, nämlich wie es sein könnte, er erzählt eine andere Wirklichkeit."

Der Vater von vier Kindern verfasste auch vier Kinder- und Jugendbücher – „Rennschwein Rudi Rüssel" (1989), sein bekanntestes, wurde mit dem Deutschen Jugendliteraturpreis ausgezeichnet und fürs Kino verfilmt – und machte in den letzten Jahren mit der „Bubi Scholz Story" und „Eine Hand voll Gras" als Drehbuchautor auf sich aufmerksam. Für seine zahlreichen Romane und Erzählungen erhielt Uwe Timm verschiedene Auszeichnungen und Preise, zuletzt den Großen Literaturpreis der Bayerischen Akademie der Schönen Künste (2001) und den Tukanpreis der Landeshauptstadt München, 2002 den Literaturpreis der Landeshauptstadt München sowie den Schubart-Literaturpreis (2003) und den Erik-Reger-Preis der Zukunftsinitiative des Landes Rheinland-Pfalz.

www.dtv.de/autoren/uwe_timm_20.html

In der Biografie Uwe Timms findet sich folgende Passage zu seinen zwei Jahren in Coburg:

„Während der zwei Jahre in Coburg erlebt er [Uwe Timm] den Vater nur als fremden Mann, der plötzlich bei der Mutter im Bett liegt, auf ‚Fronturlaub', in Schaftstiefeln und mit aufgeknöpfter Uniform, mit offenem Mund schnarchend, während die Pistole auf dem Nachttisch liegt. Der Vater, der das militärische Zeremoniell liebt, bringt seinem kleinen Sohn bei, vor den Soldaten der Coburger Kaserne die Hacken zusammenzuschlagen und einen Diener zu machen. Später, nach der Kapitulation, muss man den Jungen, der das ‚zackig' macht, regelrecht beschwören, nicht mehr die Hacken zusammenzuschlagen und auf keinen Fall ‚Heil Hitler' zu sagen."

Aus: Martin Hielscher, Martin: Uwe Timm. dtv portrait 31081. München: Deutscher Taschenbuch Verlag 2007, S. 16

[1] Ergänzung durch die Autorin

Gerrit Bartels: Erlösung über den Wolken

Die Fliegerin, der Invalidenfriedhof und die Liebe: ein Besuch bei dem Schriftsteller Uwe Timm.

Uwe Timm ist ein Schriftsteller, der einen sympathisch gelassenen, ausgeglichenen Eindruck macht. Das konnte man erst vor Kurzem in einem etwas liebedienerischen Filmporträt sehen, in dem Timm mehr als einmal als glücklich verheirateter Mann und vierfacher Vater in einem harmonischen familiären Umfeld zu sehen war. Und das zeigt sich bei einem Besuch bei ihm in München, wo er durchaus sinnfällig in einem Haus an der Ecke Paradies-, Himmelreichstraße wohnt, mit Blick auf den Englischen Garten.

In weinrotem Lacoste-T-Shirt und beiger Hose sitzt Timm in seinem Arbeitszimmer und hört sich aufmerksam und freundlich blickend an, was der Besuch über seinen neuen Roman „Halbschatten" so zu sagen hat.

Dass dieser Roman über die junge Fliegerin Marga von Etzdorf etwa manche Lektüreschwierigkeit verursacht habe, eher den versierten literarischen Arrangeur als den passionierten Erzähler Timm zeige und er wie so viele deutsche Romane zuletzt eine gewisse Geschichtsversessenheit aufweise.

[...] Uwe Timm sagt [...], ihm sei schon beim Schreiben klar gewesen, dass dieses Buch nicht unbedingt leicht zu lesen sein werde: „Man muss es vielleicht sogar zweimal lesen, um die Motivführung zu verstehen."

Der Kern des Romans besteht in der Geschichte der 1907 geborenen Fliegerin Marga von Etzdorf, die in den frühen Dreißigerjahren mehrere Langstreckenflüge unternimmt, auf einem dieser Flüge in Japan den Diplomaten und ehemaligen Jagdflieger Christian von Dahlem kennenlernt und sich in diesen verliebt. Nach ihrer insgesamt dritten Bruchlandung nimmt sie sich 1933 in Aleppo, Syrien, in einem kargen Hotelzimmer das Leben.

Begraben wurde von Etzdorf auf dem Invalidenfriedhof in Berlin-Mitte, auf dem Timms Roman gewissermaßen seine endgültige Gestalt bekommt, das Gerüst, in das von Etzdorfs Geschichte eingeklinkt ist. Timm lässt seinen Erzähler, begleitet von einem Führer, dem „Grauen", über den Friedhof laufen. Nach und nach gesellen sich die Stimmen der hier begrabenen Toten dazu, fallen dem Erzähler, fallen sich ins Wort, Tote, wie der preußische Militärreformer Gerhard von Scharnhorst, der Jagdflieger Manfred von Richthofen oder der SS-Anführer Reinhard Heydrich. Herauskommt dabei eine Art Flickenteppich preußisch-deutscher Militär- und überaus dunkler Nazigeschichte. Dabei wird die fiktiv angereicherte Lebensgeschichte von von Etzdorf alles andere als auserzählt. Sie weist bewusst Lücken auf und bricht durch den Einsatz der vielen anderen Stimmen immer wieder ab, um an anderer Stelle wieder aufgenommen zu werden.

Timm weist auf die Musikalität seines Buches hin, „ich habe das als Oratorium angelegt", und zeigt anhand eines Manuskriptstapels, wie viel er immer wieder gestrichen habe: „Die Delete-Taste spielte dabei eine große Rolle, aber eine lustvolle!" So sei sein Roman wohl doch mehr als nur „Geschichtsreflexion, Geschichtsliteratur", zudem suche er sich ein Thema nicht nach aktueller Markttauglichkeit aus: „Es müssen Themen sein, die zutiefst mit mir selbst zu tun haben. Der Invalidenfriedhof hat für die Deutschen eine aufgeladene Bedeutung, aber mir ist schnell klar geworden, wie aufgeladen er für mich selbst ist: Viele der Namen auf diesem Friedhof sagen mir was seit meiner Kindheit, sie gehören zu ihr. Mein Vater war geradezu vernarrt in die Fliegerei. Er war überzeugter Soldat und Preuße, kein Nazi, aber ein Deutschnationaler durch und durch, der mit viel Kenntnis und Emphase von deutscher Geschichte erzählen konnte."

Schon kurz nach dem Mauerfall besuchte Timm den damals ziemlich verwahrlosten Invalidenfriedhof, las im Anschluss ein Buch über die hier Bestatteten und erfuhr dabei, dass auch eine Frau darunter ist: „Ihr Stein auf dem Friedhof war beim ersten Besuch kaputt, erst später ist ein Findling für sie dort hingesetzt worden." Diese Frau sei für ihn „der Treibsatz" für die Entwicklung seines Romans gewesen. An ihrer Geschichte habe ihn, das betont er mehrmals, das „Heroische" gereizt, „das uns heute so fern ist und in ihrem Fall noch nicht von den Nazis korrumpiert war. Und die ihr innewohnenden utopischen Momente, von der Freiheit zu fliegen, von der Liebe. Die beiden finden sich in Japan ja nur über die Sprache, indem sie über ihre Gefühle reden, über ihr Begehren. Sie kommen körperlich ja nicht zusammen."

[...] Deutsche Geschichte mit Berlin als Klammer, entlangerzählt an den entscheidende Umbrüche markierenden Jahreszahlen 1933/1945, 1968 („Rot") und 1989 („Johannisnacht")? Timm nickt und antwortet lächelnd: „Der Autor sagt Ja!" Und bei der Betonung auf die private Involviertheit, auf die Bedeutung dieses Friedhofs für Timm selbst, schließt „Halbschatten" natürlich auch an seine autobiografischen Bücher an, insbesondere an „Am Beispiel meines Bruders".

Wer Timms Lebensgeschichte kennt, wird dann immer mal wieder aufmerken, wenn von Coburg die Rede ist, und insbesondere über die Stelle in „Halbschatten“ stolpern, in der auf einmal jemand „Ich. Ich. Ich.“ ruft und auf einer belebten Münchener Straße plötzlich eine „von einer großen Genauigkeit“ getragene Erinnerung an Berlin hat, die sich wiederum mit einer Erinnerung an Soldatenaufmärsche in Coburg vermengt, wo Timm während des Krieges und kurz danach ein paar Jahre gelebt hat. „Es war, als hätten all die Spiele, die frühen Bilder, das Erzählen, wie es damals war, für einen kurzen Augenblick die Gegenwart erobert.“ Und ein paar Sätze später: „Der Vater war bei der Luftwaffe und wäre gern geflogen, das war sein Wunsch gewesen. Aber er war nur mitgeflogen. Umso mehr und desto genauer kannte er sich in den verschiedenen Maschinen und in ihren Flugeigenschaften aus.“

Uwe Timm möchte Passagen wie diese nicht weiter kommentieren. Er stellt sich aber gern der Frage, ob er denn nun gerade vor dem Hintergrund seiner schwierigen Kriegs- und Nachkriegskindheit ein so glücklicher Mensch sei, wie es oft den Anschein mache: „Vielleicht. Ganz sicher jedoch ein sehr disziplinierter, sehr preußischer Mensch.“ Und er fügt dann noch an: „Erinnerungen finden im Erzählen ihre Erlösung, also für mich durch das Schreiben.“

URL: http://www.tagesspiegel.de/kultur/literatur/literatur-erloesung-ueber-den-wolken/1316364.html, erschienen am 04.09.2008 (Aufruf: 23.2.2015)

■ *Welche Parallelen stellen Sie zwischen Uwe Timm und dem Ich-Erzähler seines Romans „Halbschatten“ fest? Ergänzen Sie Ihre Ausführungen auch um Ihr Wissen zur Biografie Timms.*

Auszüge aus „Erzählen und kein Ende" von Uwe Timm

Der Autor, das Schreiben, die Maschine oder Der Apfel in der Schublade

Ich möchte mit einer Frage beginnen, die, so allgemein wie penetrant, zuweilen auch aggressiv, oft nach Lesungen oder in Diskussionen gestellt wird, eine Frage, die viele meiner Kollegen aufstöhnen lässt, mich übrigens auch: Warum schreiben Sie?
Die Frage – ich habe mich bisher geweigert, sie zu beantworten – ist bei näherem Hinsehen aber gar nicht so unberechtigt. Sie ist möglicherweise sogar die bewegende Frage einer Poetikvorlesung, denn die andere Frage, die nach dem *Wie* des Schreibens, können die Literaturwissenschaftler wahrscheinlich besser beantworten als der Autor. [...]

Die häufigste Antwort der Schreibenden ist, dass sie schreiben müssen, weil sie gar nicht anders können. Das Schreiben-Müssen ist die Beglaubigung des Schriftstellers als Dichter. Es ist das, was mit dem alten Wort be-rufen bezeichnet wird. Wer nicht schreiben muss, egal, ob aus innerem Antrieb oder von den Göttern geschlagen, schreibt, wann, was und wie er will, und wem das Schreiben ins Belieben gestellt ist, der kann auch schreiben, was andere wollen, also im Auftrag.
Also: Warum schreibe ich? Die Antwort könnte laufen: aus erlittenen Verletzungen heraus, oder aus dem Versuch, sich über sich und die Welt Klarheit zu verschaffen. Aber das müssen noch keine Gründe zum Schreiben sein. Es gäbe andere Möglichkeiten, näherliegende, beispielsweise zu reden, mit Freunden. Warum also schreiben? Manchmal habe ich den Verdacht, dass gerade diejenigen, die immer wieder schreibend versichern, sie könnten nicht anders als schreiben, tatsächlich gar nicht schreiben müssten, sondern sich zum Schreiben zwingen, wie die Mehrheit der Menschen. Für sie ist Schreiben ein Graus. Schreiben ist nicht notwendig. Es ist, wie übrigens auch das Lesen [...] etwas Überflüssiges. Ein schöner Überfluss. Gerade dieses Moment, dass man nicht schreiben muss, dass es nicht selbstverständlich ist, schärft die Frage, warum jemand ausgerechnet schreibend sich mitzuteilen versucht, denn in aller Regel will, wer schreibt, ja auch gelesen werden. Warum denke auch ich, dass ich schreiben muss, ja, dass ich keine andere Wahl habe? Wobei ich hier anmerke, dass ich diese Tätigkeit nicht als Qual empfinde. Ich muss mich – jedenfalls meistens – nicht an den Schreibtisch zwingen, für mich ist es eine lustvolle Tätigkeit. [...]

[Das] Erlernen des Alphabets, der Schrift, ist nicht nur menschheitsgeschichtlich, sondern auch individualgeschichtlich immer wieder mit der Unterdrückung des fluktuierenden[1] bildhaften Denken verbunden, mit einer Begradigung der Gedanken zur Folgerichtigkeit, einem Zwang zum abstrakten Denken. Dies ist nicht nur an die Inhalte gebunden, sondern liegt auch in der Form der Schrift. Das Alphabet gibt dem kreisenden Denken mit der Zeile eine Richtung, macht es fest in den Zeichen. Es ist die Rechtschreibordnung, die, wie ein Korsett der gesprochenen Sprache angelegt, sie verfeinert, gliedert, aber auch beengt.
Im Rechtschreiben liegt ein permanenter Zwang, der nur erträglich wird, weil wir ihn so lange einüben, dass wir ihn schließlich nicht mehr oder kaum noch bemerken. Für einige hingegen ist die Alphabetisierung ein lebenslanger Prozess, weil sie immer wieder über das Richtigschreiben nachdenken müssen, immer wieder stutzen, und zwar nicht nur bei neuen und unbekannten, sondern auch bei altbekannten Wörtern. Ich gehöre zu diesen unsicheren Alphabeten. [...] Ich vermute, viele Menschen beantworten die frühe Alphabetisierung mit einer späteren Verweigerung zu schreiben – und zu lesen. Andere wiederum reagieren mit Überanpassung, sie studieren Germanistik, schreiben lettristische[2] Gedichte oder vergleichen Sprache. Diese Disziplinierung durch Schreiben, die ich als einen Würgegriff in Erinnerung habe, hat bei mir möglicherweise dazu geführt – und zwar, um Luft zu kriegen –, dass ich erzählte, also mit einer an der Mündlichkeit ausgerichteten Form die Schreibübungen beantwortete.
Ich bog den Druck durch Erzählen ab, wobei ich, auf die Situation, das Bild konzentriert, die Wörter in der schriftlichen Form variierte, die Schreibweise nach Klang und Rhythmus umbaute. Selbstverständlich fand das bei Herrn Blumenthal, meinem Lehrer, kein Verständnis. Seine Antwort waren Fünfer. [...]

Ausgangspunkt für das Erzählen ist für mich, wie gesagt, meist eine Situation, ein Bild. So das Steinbeil im Altonaer Museum. Wir hatten – ich war damals zwölf – mit der Klasse das Museum besucht, danach sollten wir die Säle, die wir besichtigt hatten, beschreiben, also den Weg, den wir genommen hatten,

---

1 fluktuieren = sich verändern, sich wandeln
2 zurückzuführen auf das französische Wort „lettre" = Buchstabe; Lettrismus ist eine künstlerische Bewegung, die u. a. Wörter in Buchstaben zerlegt und daraus neue (sinnfreie) Lautgebilde zusammensetzt

vom Zunftsilber bis zu den Trachtenstuben. Mich aber interessierte allein das Steinbeil. Es hatte nämlich zwei Bohrlöcher für den Schaft. Ein durchgehendes und ein unfertiges. Ich hatte das Bild schon vor Augen, wie jemand über diesem schon zugeschliffenen Stein gebeugt saß und tagaus, tagein mit einem hölzernen Drillbohrer an dem Loch arbeitete, bis es zu dieser Unterbrechung kam, eine Korrektur. Wie kam es dazu? Ich habe mit einer Geschichte eine Antwort darauf gesucht. Ich habe für diesen Aufsatz, für die acht Seiten lange Geschichte, eine 5 bekommen. Thema verfehlt, und dann auch noch 40 Rechtschreibfehler. Der Lehrer, Herr Blumenthal, las den Aufsatz der Klasse zur Abschreckung, und um mich lächerlich zu machen, vor. Alle lachten denn auch. Nur ein Schüler, Georg Hüller, stand auf und versuchte Herrn Blumenthal zu erklären, was ich mit der Geschichte gemeint haben könnte. Aber Herr Blumenthal sagte nur: Alles Quatsch! Hinsetzen! Und die anderen durften wieder lachen.
Vielleicht bildete sich damals ja der Wunsch heraus, Schriftsteller zu werden. So viel zu meinen Differenzen mit dem Alphabet, meiner Irritation beim Schreiben. Und all die anderen Obsessionen, die Ängste, dunklen Triebe? Darüber kann ich nur erzählend schreiben, nicht reden.
Was mich an literarischen Arbeiten, den eigenen wie auch denen anderer Autoren, momentan interessiert – und ich komme damit zu dem Thema der Vorlesung –, ist, wie sehr sie Alltägliches absorbieren, nicht nur inhaltlich, sondern auch in der Form. […]

Mich interessiert der Übergang von den alltäglichen Dingen der Lebenswelt zu Monumenten. […] Ein wesentlicher Unterschied zum alltäglichen Sprechen, zum alltäglichen Erzählen liegt beim literarischen Erzählen darin, dass sein Interesse sich gerade auf die wenig beachteten, ich will sagen, gesellschaftlich unbewussten Verhaltensmuster konzentriert. Zugleich werden diese Wahrnehmungsmuster durch die Literatur immer wieder erweitert. Literatur liefert neue Wahrnehmungsmodelle für ein anderes Sehen, Hören, Riechen, Fühlen und auch Denken.
Solche Erweiterungen der Wahrnehmung finden auch im Alltag statt, durch neue Wortfindungen, durch die Beschreibung von Erfahrungen, durch Graffiti, Witze, Anekdoten, Wandersagen. Das ist das Geflüster der Generationen. […]

Das literarische Erzählen, so spontan es sich auch geben mag, unterscheidet sich von dem alltäglichen grundsätzlich dadurch, dass es immer strukturiert, geordnet und auf Bedeutungen ausgerichtet geschieht; einer dem jeweiligen Werk inhärenten[1] Logik folgend, hat es einen Anfang und findet seinen Schluss. Beide verweisen strukturell aufeinander. Das literarische Erzählen ist eben nicht zufällig, es schafft – durch seine Struktur – neue Bedeutung, die es in der Zerstreutheit des Alltags so nicht gibt. Und das gilt auch für solche Schreibmethoden, die Zerstreutheit thematisieren.
Der Autor ordnet das Chaos der Details sprachlich und gibt damit der Beliebigkeit des Wahrnehmens seine subjektive Ordnung. (S. 7–18)

[1] einer Sache innewohnend

- *Stellen Sie die Gründe zusammen, warum Uwe Timm schreibt.*
- *Erläutern Sie den Zusammenhang zwischen den gerade erarbeiteten Gründen und dem Roman „Halbschatten".*

Über Lüge und Wahrheit oder Die Geschichte von dem König mit dem Judenstern

Wer seine eigene Geschichte betrachtet, findet sie, sieht er genauer hin, in viele Geschichten aufgesplittert. Diese Geschichten haben ihre Bedeutung, nicht weil sie sich per se als sprechend ausweisen, sondern weil es Situationen sind, die sich erst von der aktuellen Situation her mit Bedeutung aufladen – und die Bedeutung oszilliert[1] ja nach Stimmung und Interesse.

[1] schwanken, wechseln

Die zeitliche Distanz ist also Voraussetzung dafür, dass man sich etwas erzählen kann.
Das ist auch im Alltag so. In der Literatur geschieht das doppelt, in dem Bewusstsein der Distanz zu Sprache und in der Distanz zu sich, zu dem beobachtenden, sich selbst und die Welt beschreibenden Subjekt, dem Schriftsteller. Auch das ist nicht so außergewöhnlich, eine verbreitete literarische Form ist ja das Tagebuchschreiben. Diese meist subjektive, unmittelbare Form des Schreibens ist nicht zufällig eine Reaktion auf Existenzkrisen (das heißt Zeiten eines inneren Zwiespalts) und ist ein Versuch, Distanz zu gewinnen (auf dass sich aus dieser Distanz der Zwiespalt schließen möge). Das Eigentümliche ist, dass in

dieser größeren Distanz zu sich, die immer auch ein schmerzvoller Zwiespalt ist, zugleich etwas Lustvolles liegt, weil man sich seiner selbst bewusst wird. Sich seiner selbst gewahr wird. Und ebenso eigentümlich ist, dass man diese Zeiten eines schmerzhaften Zwiespalts besonders intensiv im Gedächtnis behält.
Sie werden diese quälenden Erinnerungen kennen, wenn man jemanden unabsichtlich verletzt hat oder wenn man selbst verletzt wurde, absichtlich oder unabsichtlich. Sie haben eben das in Erinnerung, was Sie gesagt haben, was Sie besser nicht hätten sagen sollen. Oder aber diese Situationen, dass irgendjemand Ihnen dummdreist gekommen ist, und Ihnen ist nicht gleich die richtige Antwort eingefallen. Sie halten darüber noch lange Zwiesprache mit sich, Sie suchen nach dem richtigen Wort, das die Verletzung vermeidet oder Sie gegenüber dem Opponenten ins Recht setzt. Man kann in Selbstgesprächen lange an solchen Sätzen, an der Rede und Gegenrede, feilen. Es ist eine der literarischen Formen des Alltags, meist eher der Dramatik zugehörig, denn man denkt sich dabei ja auch mögliche Antworten des Gegenübers aus, um dann umso schlagfertiger zu parieren. Es ist die stumme Schule der Rhetorik. Um das, was man für sich als richtig beansprucht, durchzusetzen, das, was man selbst für wahr hält, was es aber nicht unbedingt sein muss.
Dieses Zwiegespräch mit sich ist, so könnte man umgekehrt auch sagen, eine sehr alltägliche Form der Selbstverständigung, der man in der Literatur wiederbegegnet. [...]

Literatur hat dort, wo sie eingreifen, anklagen oder dekuvrieren[1] will [...], also dort, wo sie auf Aktualität zielt, notwendig eine Nähe zur Wirklichkeit. Im Geflecht eines fiktionalen Textes findet eine Verdichtung von Realitätspartikeln statt. Diese Verdichtung kann bis zur Dokumentationsliteratur führen. Sie lässt als Extrem nur noch das Zitat sprechen. Das setzt voraus, dass der Leser synthetisieren[2] kann, nämlich das dokumentierte Textbeispiel bezieht auf einen theoretischen Rahmen, in dem es erst erhellt wird und interpretierend auf die Wirklichkeit bezogen werden kann. [...]

Die didaktische[3] Literatur – und ich meine damit belletristische[4] Literatur – hat einen Leser im Auge. Nicht einen bestimmten, nicht einmal eine Gruppe, sondern den Leser schlechthin. Sie geht von einem Bewusstseinsstand aus, den es dann zu verändern, zu bestätigen, zu veredeln gilt. Die Schreibintention des Autors ist, den Leser zum Guten, Wahren oder auch nur Schönen zu führen. Und zu dieser didaktischen Literatur in der Tradition von Schiller – übrigens auch von Kleist – gehört auch die gesellschaftskritische, politische Literatur von Brecht bis Peter Weiß. [...] [Diese Literatur hat die Absicht], den Leser gerade nicht hinters Licht zu führen, sondern ihm ein Licht aufzustecken. [...]

Erzählen ist für mich heute – anders als bei den Romanen *Heißer Sommer* und *Morenga* – zunächst allein für mich wichtig, den Erzähler. Und doch hoffe ich, meine Leser zu finden. Für mein Erzählen, mein Schreiben gibt es viele Triebkräfte, edle und weniger edle, wahrgenommen zu werden, weil mir etwas den Atem verschlägt, aus Angst, aber auch aus Wut, weil ich mir über gesellschaftliche Probleme Klarheit verschaffen will, aus der Lust heraus, spielerisch die Wirklichkeit umzubauen, damit etwas Neues, so noch nicht Dagewesenes entsteht. Denn meine Erfahrungen sind, wie die jedes anderen, in bestimmten Bereichen ganz unteilbar und einmalig, und das, denke ich, kann auch andere interessieren. Erzählend entsteht eine neue Wirklichkeit, die durchaus Gültigkeit haben kann, wenn sie in sich konzis[5] ist. Das macht auch die Lust der Kinder aus, wenn sie hemmungslos schwindeln. Sie durchbrechen spielerisch die öde Notwendigkeit, dass alles so ist, wie es ist, und es beginnt der wunderbare Konjunktiv. Es könnte auch anders sei. Darin liegt das utopische Moment von Literatur, unabhängig vom jeweiligen Inhalt. [...]

Erzählen kann die sprachliche Wahrnehmung schärfen für das Geschichtliche der Wirklichkeit, es kann die Wirklichkeit als fluid[6] zeigen, interpretierbar, Eingriffen zugänglich, aufsprengbar, damit so ein Moment der bewussten Veränderung ins Spiel kommt, die beim „anything goes“[7] ganz verloren ist. Da scheinen denn auch ganz andere Wahrheitsmodelle auf, nicht mehr bezogen auf einen metaphysischen Fluchtpunkt, auch nicht auf die Weltrevolution, sondern auf die Realisierbarkeit von Freiheit und Glück des Einzelnen, ohne das Unglück und die Unfreiheit der anderen aus dem Blick zu verlieren; ein Erzählen, das sich daran abarbeitet und den Sinn schärft für die Ambivalenz, für das Unversöhnliche, Heterogene, für die nicht aufhebbaren Widersprüche, also für das Tragische. Erzählen könnte den Sinn schärfen gegen jeden ideologischen Anspruch, der genau vorschreiben will, was falsch, was richtig ist

1 entlarven, wahres Wesen erkennbar machen
2 durch Zusammensetzung herstellen
3 belehrend, lehrhaft
4 schöngeistig, unterhaltend

5 kurz, gedrängt
6 fließend
7 aus einem Musical entliehener Slogan, der annimmt, dass es keine allgemeinen und jederzeit gültigen Regeln gibt; Übersetzung etwa: Mach, was du willst. Alles ist möglich.

und wie etwas zu sein hätte. Erzählen wäre dann ein vorsichtiges Ausforschen zwischen dem, was wirklich war, und dem was hätte sein können. Das ist dann kein Schwindeln mehr, es ist die konjunktivistische Form. Man erzählt etwas, weil es eine Modalität in der Realität war oder ist oder hätte sein können, eine Möglichkeit, die aber gerade so nicht zum Tragen kam. (S. 65–85)

- *Nennen und erläutern Sie die Funktionen, die Timm der Literatur zuweist.*
- *Welche Bedeutung hat die Wahrheit im Erzählen für Uwe Timm?*
- *Erläutern Sie den Zusammenhang zwischen dem gerade Erarbeiteten und dem Roman „Halbschatten".*

Im Laufe der Zeit oder Der schöne Überfluss

Ich sagte schon, auch im Alltag wird erzählt – um sich selbst zu finden, um sich über sich selbst Klarheit zu verschaffen, und zwar als eine Überprüfung der Realität in Bezug auf das Bild, das man sich von ihr und von sich selbst macht. […] Auch das Alltagserzählen geschieht übrigens nicht so zufällig und beliebig, sondern durchaus nach ästhetischen Gesichtspunkten. Denn die Überlegungen, die sich auf die Darstellung von Erlebtem richten, reflektieren die eigene Wahrnehmung und werden damit für den subjektiven und gesellschaftlichen Erkenntnisprozess interessant.

Sie kennen sicherlich solche Leute, die zwar viel erzählen, denen man aber kaum noch zuhören kann. Sie ebnen alles ein. Die Wahrnehmungen werden sozusagen „objektiv" beschreiben, in der Zeitfolge, ohne jede subjektive Berechnung, das heißt ohne jede individuelle Besonderheit. Aber auch im Alltag wird das Erzählen erst interessant, wenn sich der Erzähler in das Geschehen einbringt, also nicht nur mitliefert, was passiert ist, sondern auch, **worüber** er sich gefreut hat oder **was** denn für ihn erschreckend an einem Ereignis war und **wie** er darauf reagiert hat – wenn er also dem Wahrgenommenen seine subjektive Bedeutung zu geben versteht. So lernen wir individuelle, das heißt einmalige Realitätspartikel kennen.

Diese persönlichen Erzählungen werden für den, der erzählt, für den, der zuhört, erst dann interessant, wenn bestimmte Dinge hervorgehoben, das heißt auch sprachlich besonders und neu gekennzeichnet werden, wenn der Zeitlauf nicht der realen Vorkommnis entsprechend linear nacherzählt wird, sondern Umkehrungen stattfinden, wodurch wiederum neu und anders interpretiert wird. Das Erzählen löst die Chronologie auf, die im alltäglichen Geschehen unumstößlich ist. Sie löst sie auf, um die vergangene Zeit zu einer neuen erzählten Zeit wieder zusammenzubauen. Dieser zeitliche Umbau setzt ganz wesentliche interpretierende Akzente. So werden die alltäglichen Dinge und Ereignisse aus ihrem Zu-Fall durch das Erzählen hervorgehoben und neu gedeutet. […]

Was aus der zeitlichen Distanz erzählt werden kann (und zwar mit der Distanz des Zeitlichen) gewinnt eine tiefere Bedeutung. Es kann beliebig wiederholt und variiert werden. Es entfaltet seine eigene bildliche Kraft. Es wird real. Das ist die Magie, die das Erzählen von Geschichten auch bei sogenannten primitiven Völkern hat. Die eigene Identität wird im Rückblick erzählend beglaubigt, und zwar nicht nur das, was einmal wirklich war, sondern dass man erzählt und gerade **das** erzählen kann, ist das Wirkliche.

Bei Kindern kann man das ja noch feststellen: eine Sucht nach Geschichten, ein regelrecht piesackendes Fragen, man soll weiter und immer weiter erzählen. Die Sucht nach Geschichten wird meist durch das Fernsehen abgetötet. Bilder sind einfacher, direkter, eingängiger als das akustische Signal, das Wort, das im Kopf dann einbildungskäftig wieder zu einem Bild umgesetzt werden muss. Ein äußerst komplizierter, die Introspektion erfordernder Prozess. […]

Ich überschätze die Möglichkeit der Literatur, Bewusstsein zu verändern, nicht. Sie ist äußerst begrenzt. Das habe ich nicht immer so gesehen. Früher, also beim Schreiben von *Heißer Sommer* und *Morenga*, war ich überzeugt, Literatur habe eine wichtige Bedeutung bei einer Veränderung der Gesellschaft zu mehr Gerechtigkeit, Gleichheit und Freiheit.

Heute denke ich, dass ein wesentliches Kennzeichen von Literatur darin liegt, *überflüssig* zu sein. Sie ist – und mit dieser Einsicht muss man leben – nicht notwendig. Autoren, Kritiker, Literaturwissenschaftler haben das oft nicht vor Augen. Literatur ist [...] ein schöner Überfluss, und eben darum nicht notwendig. Anders übrigens das Alltagserzählen. Das ist notwendig. Freundschaften, Familien, Ehen, in denen man sich nichts mehr zu erzählen, also nichts mehr zu sagen hat, sind tot. Erzählen ist im Alltag das Ferment im Zusammenleben, die Bedingung dafür, nicht erstarren zu müssen, stumm zu werden, die Voraussetzung, sich mit-zu-teilen, sich zu verstehen, zu mögen oder auch zu hassen. Es ist ganz erlässlich, sonst käme es zu einem Sprach- und damit Zeittod. Aber Literatur ist überflüssig. Und es scheint ein Paradoxon, wenn ich sagte, eben diese Überflüssigkeit ist die Qualität der Literatur. [...] (S. 98–107)

Auszüge aus: Timm, Uwe: Erzählen und kein Ende. Versuche zu einer Ästhetik des Alltags. Köln 1993, S. 98–107

- *Wieso ist die zeitliche Distanz für Uwe Timm eine Voraussetzung für das Erzählen?*
- *Erläutern Sie den letzten Satz: „[...] diese Überflüssigkeit ist die Qualität der Literatur."*
- *Gestalten Sie ein Interview mit Uwe Timm. Gehen Sie in Ihren Fragen (und seinen Antworten) darauf ein, welchen Einfluss diese literaturtheoretischen Überlegungen auf den Roman „Halbschatten" haben.*

Patrick Bahners: Seufzen und Sausen (Rezension)

Etwa in der Mitte seines Romans „Halbschatten“ lässt Uwe Timm die Fliegerin Marga von Etzdorf davon erzählen, wie sie 1930 bei einem Spaziergang in der nordafrikanischen Wüste von zwei spanischen Offizieren gebeten worden sei, ein deutsches Gedicht aufzusagen. „Und als ich fragte, von welchem deutschen Dichter, antworteten beide wie aus einem Munde: Heine.“ Aus dem Gedicht „Abenddämmerung“ aus dem „Buch der Lieder“ zitiert der Roman die letzten zehn Verse, deren erste drei lauten: „Wenn wir am Sommerabend,/Auf den Treppensteinen der Haustür,/Zum stillen Erzählen niederkauerten“.
Im zitierten Teil des Gedichts bleibt implizit, was vorher ausgesprochen worden ist: dass das Ich des Gedichts ein männliches ist. Der Dichter erzählt, was er „einst, als Knabe,/Von Nachbarskindern vernahm“: Sagen und Märchen. Die Wahl dieses Gedichts sagt etwas über die Frau aus, die es rezitiert, und über den Roman, in dem es zitiert wird. Bei Marga von Etzdorf, die in der Luft singt und sich Gedichte von Heine und Eichendorff aufsagt, sind es Erzählungen aus der Kindheit, die, ihren Erzählungen zufolge, ihr den Berufswunsch der Fliegerin eingegeben haben.
Auf dem Landgut der Großeltern tauchte eines Tages ein Amerikaner auf, der ihr als Erster vom Fliegen erzählte. Er war im Krieg zum Piloten ausgebildet worden, aber nicht mehr zum Einsatz gekommen. Noch bevor aber die Rede auf diese Himmelsabenteuer des Gastes kam, hatte er die fünfzehnjährige Marga und ihre Schwester schon fasziniert allein durch die Art, wie er sich bewegte. Timms Roman ist ein Gewebe aus Erzählungen. Alles, was der Roman erzählt, wird schon als Erzähltes wiedergegeben, in der Regel durch eine Kette von Erzählerfiguren vermittelt. Aber jeder Erzählung ging ein sinnliches Erlebnis voraus, das kein Erzähler vorweggenommen hatte, ein unvermittelt eintretendes Ereignis. Wie der junge Amerikaner dastand in der Halle des Gutshauses, „ein wenig den Kopf zur Seite geneigt, eine Hand in der Hosentasche“, war er „tatsächlich eine Erscheinung wie aus einer anderen Welt“. Er hatte den Auftritt einer sagenhaften Gestalt. Deshalb konnte sich an den unangemeldeten Besucher im Gedächtnis der Schwestern eine legendäre Überlieferung knüpfen.
Als Marga von Etzdorf 1931 nach ihrem Rekordflug japanischen Boden betrat, erwartete sie ein Wiedergänger des Kindheitshelden, der Diplomat Christian von Dahlem, der tatsächlich an Luftschlachten teilgenommen hatte. In Timms historischem Roman, der stellenweise einen dokumentarischen Anspruch erheben kann, ist Dahlem die auffälligste erfundene Figur: eine mythische Gestalt, ein moderner, problematischer Halbgott, die Verkörperung der Bestimmung im Leben der Marga von Etzdorf, als die sie die Fliegerei erkannte. Zum Unterpfand der Verbindung, welche die Etzdorf und Dahlem in der ersten Nacht in Japan eingehen, als sie einander, von einer Stoffwand getrennt, ihre Lebensgeschichten erzählen, wird ein Zigarettenetui. Es hatte Dahlem bei einem Luftkampf das Leben gerettet. Vollendet wird das Bild der unpreußischen Lässigkeit, das der Amerikaner abgegeben hatte, durch die Zigarette.
Dahlem hat das im Krieg erlernte Fliegen nicht zum Beruf gemacht. So hätte eine Liebesbeziehung zur Voraussetzung, dass er die Vertauschung der Geschlechterrollen akzeptieren müsste. Marga von Etzdorf erzählt, indem sie unter dem Sternenhimmel der Wüste Heines „Abenddämmerung“ aufsagt, alles über sich: Seit jeher sah sie sich in ihren Sagen und Märchen als Knabe.
In den im Roman nicht zitierten Versen des Gedichts wird das Wellenrauschen am Strand beschworen, das dem Dichter die Erzählungen der Sommerabende ins Gedächtnis ruft: „Ein seltsam Geräusch, ein Flüstern und Pfeifen,/Ein Lachen und Murmeln, Seufzen und Sausen,/Dazwischen ein wiegenliedheimliches Singen“. Diese Verse verweisen auf die Poetik des Romans, dessen Form der Autor mit einer musikalischen Gattung verglichen hat: dem Oratorium. Die Stimme Marga von Etzdorfs, die sich am 28. Mai 1933 nach der Landung in Aleppo erschossen hat und auf dem Berliner Invalidenfriedhof begraben wurde, wechselt sich ab mit den Stimmen anderer historischer Persönlichkeiten, deren Gräber sich auf demselben Friedhof finden beziehungsweise, wie im Fall von Reinhard Heydrich, gerade nicht mehr finden.
Da das seltsame Geräusch, das dem Ich-Erzähler in die Ohren steigt, als er unter dem Geleit eines Fremdenführers über den Friedhof wandert, nicht aus dem Wasser kommt, sondern aus der Erde, einer Erde, in die Massenmörder mit größtem Pomp und Zufallsopfer des Endkampfs um Berlin ohne Zeremoniell versenkt worden sind, mischen sich ins Murmeln, Seufzen und Sausen unheimlichere Töne, ein Röcheln und Gurgeln, ist das Lachen ein Scheppern und Meckern. Die Rezitation der Rezitation der „Abenddämmerung“ ruft in der Totenstadt das Gezeter eines Nachbarn hervor: „Was ist das für ein Gejüdel. Is doch von Heine, gell?“ Unfriedlich liegen Helden, Versager und Verbrecher beieinander, an letzte Ruhe ist nicht zu denken.

Uwe Timm hat eine Welt erhebender und abschreckender Erzählungen ausgegraben, den Sagenschatz des preußisch-deutschen Altertums. Wie über diese Lebensform zu richten ist, die uns ferner gerückt ist als je eine mythische Vorzeit, das gibt die überaus kunstvolle, dabei bewundernswert ökonomische und insofern urpreußische Machart der Stimmencollage nicht vor. Können wir dem kurzen Leben der Langstreckenfliegerin mit dem gewaltsamen Ende im Jahre des Unheils eine Bedeutung in der Erzählung unserer Nationalgeschichte zuweisen?
Der spanische Hauptmann, der Heine zu hören wünschte, hatte Marga von Etzdorf ein Gedicht von Federico García Lorca mit dem Titel „Memento" vorgetragen. „Ich hörte die Sprache, die Melodie, ohne zu verstehen, und doch verstand ich. Ein Gedicht, in dem der Tod aufgehoben war, aufgehoben im Klang." Die zweite Strophe lautet: „Wenn ich dereinst sterbe/zwischen den Orangen/und den guten Minzen." Die Fliegerin hatte den Soldaten Orangen mitgebracht. Die dritte Strophe: „Wenn ich dereinst sterbe,/dann begrabt mich, wenn ihr wollt,/in einer Wetterfahne."
Marga von Etzdorf verursacht in Aleppo eine Bruchlandung, weil sie mit dem Wind statt gegen den Wind landet. Der französische Kommandant des Flughafens versucht, sie zu trösten. „Er zeigt auf den Windsack, um deutlich zu machen, der Windsack war sichtbar und vorschriftsmäßig angebracht." So subtil und diskret ist dieser bewegende Roman gearbeitet.

http://www.faz.net/aktuell/feuilleton/buecher/rezensionen/belletristik/uwe-timm-halbschatten-seufzen-und-sausen-1831626–html, erschienen 2009. Aufruf: 23.02.2015

- *Lesen Sie die Rezension „Seufzen und Sausen" vom 06.07.2009 aus der „Frankfurter Allgemeinen Zeitung". Stellen Sie die positiven und negativen Aspekte des Romans, die der Rezensent benennt, tabellarisch gegenüber.*
- *Nehmen Sie kritisch zu der Position des Rezensenten Stellung.*

Paul Jandl: Uwe Timms ambitionierter Deutschland-roman „Halbschatten" (Rezension)

Es gibt nicht viele Orte der Geschichte, die so symbolisch sind wie dieser. Von Preußens Glanz und von deutschem Elend zeugt der Berliner Invalidenfriedhof, seit er 1748 für die Helden des Krieges angelegt wurde. Den Verfall der Ehre allerdings konnte ein Friedrich II. nicht voraussehen. Im späten 20. Jahrhundert hat die Grenze das Grundstück an der Charité zum militärischen Sperrgebiet gemacht, die Berliner Mauer lief mitten durch die Gräberreihen preußisch obrigkeitstreuer Soldaten, die hier neben königlichen Staatsbeamten, Piloten der Wehrmacht und Nazigrößen liegen. Hier, so muss es sein, kann man die Stimmen der deutschen Vergangenheit hören, ein großes und tragisches Epos, neben dem Uwe Timms neues Buch vielleicht eben nur Literatur ist. «Halbschatten» nennt der 1940 Geborene sein halluzinatorisches Werk, in dem ein Schriftsteller an der Hand eines seltsam allwissenden Führers hinabsteigt ins Berliner Reich der Toten.

Am Invalidenfriedhof, diesem Hallraum der Geschichte, herrscht ein Wispern und ein Raunen. Wo der Flieger Ernst Udet seine letzte Ruhe gefunden hat, wo das Grabmal Scharnhorsts liegt und der rote Fliegerbaron von Richthofen zumindest für einige Zeit begraben war, ist neben dem Wiehern der Schlachtrösser sogar Richard Wagners «Götterdämmerung» zu hören. Die Selbstbezichtigung der Reumütigen kommt gegen den postum noch waltenden Wahn der Mörder nicht an. Leise und zaghaft ist das «Aber» der Opfer. «Wer spricht hier?» ist die Frage, die der Roman immer wieder stellt. Er selbst aber kann sie nicht wirklich beantworten. In Uwe Timms «Halbschatten» stecken zumindest zwei große Erzählungen, die ästhetisch und thematisch miteinander konkurrieren, ohne ein Ganzes zu ergeben. Der Roman ist eine zarte, leichtfüßig geschriebene Hommage an die deutsche Fliegerin Marga von Etzdorf, und er will zugleich ein dunkles Pandämonium[1] der Geschichte sein.

«Der Flug ist das Leben wert» steht auf einem schlichten Granitstein, der am Invalidenfriedhof Marga von Etzdorfs gedenkt. Die Deutsche zählte zu den besten Pilotinnen ihrer Zeit. Als erste Frau ist sie bis nach Japan geflogen, hat die auf den Namen «Kiek in die Welt» getaufte gelbe Junkers A 50 durch Wind und Wetter und quer über die Kontinente gesteuert. Dass ihre Tollkühnheit nicht selten mit Unfällen geendet hat, gehört zu ihrer Biografie wie der Ruhm, den sie in Deutschland zu Lebzeiten genoss. Mut und Tragik fallen in diesem Leben in eins, und Uwe Timm hat für beides einen genauen Blick. 1907 geboren, setzte Marga von Etzdorf 1933 ihrem Leben ein Ende. Auf dem Flughafen im syrischen Aleppo begeht sie nach einer Bruchlandung Selbstmord. Weil sie den banalen Pilotenfehler begangen hat, mit dem Wind statt gegen ihn zu landen? Die Frage nach den wahren Gründen dieser Tat ist bis heute nicht beantwortet.

«Halbschatten» erzählt die Geschichte aus historischen Quellen und reichert sie mit fiktivem Material an. Einen Christian von Dahlem erfindet der Roman für die zarte junge Frau, einen Diplomaten und Waffenschieber, kosmopolitisch, schön und etwas versnobt. Die Geschichte der beiden entwickelt sich im sanften Licht erotischer Avancen, aus denen schließlich doch nichts wird. In Japan, wo ein Gästezimmer nur durch ein Leinentuch geteilt ist, verbringen Marga und von Dahlem eine Nacht im platonischen Gespräch. Das Herz des ehemaligen Kampfpiloten ist vergeben, doch am Ende verschenkt er sein Feuerzeug. Der Messingsplitter eines beinahe tödlichen Kampfs steckt noch im Gehäuse. Darunter steht «Isobare». In der Meteorologie der Liebe kennt Uwe Timm sich aus, den Luftdruck der feinsten Regungen macht er in der Romanze spürbar, um es anderswo doch etwas plakativer anzugehen.

Mit scharfen Schnitten blendet Uwe Timm Szenen und Orte ineinander. Geräuschvoll treten dann die Nazigrößen aus dem Halbschatten ihres Totenreichs hervor. Da wird Reinhard Heydrich, der Leiter des «Reichssicherheitshauptamts» und für die «Endlösung der Judenfrage» zuständiger SS-Mann, zur Hauptfigur, ohne dass man wirklich wüsste, warum. Allenfalls sein geistiger Vater, Max Liebermann von Sonnenberg, der Erfinder der Idee einer «Endlösung», liegt auf dem Invalidenfriedhof begraben.

Wenn der Roman beschreibt, wie sich die NS-Kumpanen im Leben amüsieren, wie sie am Feierabend der Verbrechen den Alkohollaunen frönen, dann erfindet er ein Personal, das die historischen Fakten kongenial ergänzt. Da ist ein Schauspieler und Stimmenimitator namens Anton Miller, der den obersten Nazis die Zeit auf bunten Abenden vertreibt. Politisch verwegen und künstlerisch virtuos decouvriert dieser junge Mann den wahren Ton der Zeit. Das Bellen der NS-Schergen, die piepsende Stimme Heydrichs und das Meckern des Propagandaministers Joseph Goebbels. Anton Miller, der bei mancher jungen Stabshelferin landet, nur nicht bei Marga von Etzdorf, ist die einzige personelle Verbindung zwi-

1 Aufenthaltsort der Dämonen

schen den vielen Geschichten, aus denen «Halbschatten» besteht. Und das ist aufs Ganze gesehen zu wenig. – Uwe Timms frühere Romane «Johannisnacht» und «Rot» runden sich mit dem neuen zur deutschen Trilogie. Dass Timm mit den historischen Eckdaten 1968 und 1989 weniger riskiert hat als mit dem Roman «Halbschatten», der die Jahre zwischen 1933 und 1945 zu seinem Thema macht, steht außer Zweifel. Das Buch geht aber auch ein ästhetisches Wagnis ein. Wenn Uwe Timm viele Tonspuren nebeneinanderlegt, Ich-Erzähler um Ich-Erzähler einführt, dann fehlt dem Roman vor lauter Stimmen schließlich der eigene Ton.

Zwischen den barocken Grabmalen und den im Wind sich wiegenden Bäumen des Berliner Invalidenfriedhofs hört der Schriftsteller Uwe Timm die Toten. Dass der Krach der kriegslüsternen Militärs den Flügelschlag eines vom Himmel gefallenen Engels übertönt, ist mehr als nur ein Kollateralschaden der deutschen Geschichte.

URL: http://www.nzz.ch/aktuell/feuilleton/_buchrezensionen_nichtmehrgueltig/zwischen-himmel-und-hoelle-1.839581, erschienen 2008. Aufruf: 23.02.2015

- *Lesen Sie die Rezension „Uwe Timms ambitionierter Deutschlandroman ‚Halbschatten'" vom 17.09.2008 aus der „Neuen Züricher Zeitung". Stellen Sie die positiven und negativen Aspekte des Romans, die der Rezensent benennt, tabellarisch gegenüber.*
- *Nehmen Sie kritisch zu der Position des Rezensenten Stellung.*

Christoph Schröder: Hier spricht Deutschland (Rezension)

Uwe Timm gibt in „Halbschatten" wagemutig den Toten eine Stimme

Der Berliner Invalidenfriedhof ist ein Ort preußisch-deutscher Geschichte, Militärgeschichte; ein symbolisches Gelände, das noch dazu bis 1989 von der Mauer durchtrennt wurde. Generäle und Soldaten liegen hier begraben, Adelige und Diplomaten; der Jagdflieger Manfred von Richthofen, aber auch NS-Größen wie Reinhard Heydrich, der Leiter des Reichssicherheitshauptamtes und letztendlich Organisator des Holocaust. Es ist ein Terrain, das wie geschaffen ist für einen Erzähler wie Uwe Timm, der in seinen vorangegangenen Büchern immer wieder gezeigt hat, wie sich Geschichte und Einzelbiografien in literarisch absolut schlüssiger Weise miteinander verbinden lassen.

Nun unternimmt Timm in seinem neuen Roman „Halbschatten" einen gewagten Versuch: Er lässt die Toten des Invalidenfriedhofes im wahrsten Sinne des Wortes zu Wort kommen (und reichert sie durch fiktive Figuren an). Die Frage, die sich angesichts dieses Ansatzes stellt: Wie bringt man all die disparaten Stimmen zusammen? Wie lässt sich ideologisches und der Ideologie entgegengerichtetes Sprechen, wie lassen sich Täter, Opfer und Mitläufer ganzer Epochen, kurz: wie lässt sich das Deutschland seit der Zeit Friedrichs II. in einem ästhetischen Konstrukt miteinander verbinden, ohne im bloß Dokumentarischen stecken zu bleiben?

Timm bedient sich einer simplen Rahmenhandlung. Er schickt seinen Erzähler gemeinsam mit einem Führer auf den Invalidenfriedhof. Der allwissende „Graue", wie er nur genannt wird, ist eine Art wandelndes Personenlexikon; Stimmenerkenner, Geschichts- und Geschichtenexperte zugleich. Der ursprüngliche Grund für den Friedhofsbesuch ist die Recherche der Biografie von Marga von Etzdorf, einer jungen deutschen Pilotin, die sich 1933 nach mehreren Bruchlandungen in Syrien erschoss. Auch ihr Grab befindet sich auf diesem Friedhof. Marga von Etzdorfs Lebensgeschichte bildet sozusagen das Zentrum von „Halbschatten", um das herum sich alles anlagert: Selbstbehauptung, Vereinnahmungs- und Abschwächungsversuche, Geplapper, Erinnerung und jede Menge Ideologie.

Ein Gewirr von Stimmen erhebt sich aus dem Boden des Friedhofs, und wie Timm das zu einem Chor ordnet und zusammenfügt, ist von großer Kunstfertigkeit und Eleganz. Der Effekt, der dadurch erzielt wird, liegt auf der Hand: Alles, was an deutscher Geschichte und deren Fortgang erzählt wird, wird durch die Multiperspektive ergänzt, korrigiert oder auch widerlegt. Uwe Timm inszeniert technisch virtuos einen gezielten Zusammenprall von Geisteshaltungen. Das abenteuerliche Leben Marga von Etzdorfs, inklusive Liebesgeschichte mit einem zwielichtigen deutschen Diplomaten in Japan und tragischem Ende, wird zum Vehikel – und es trägt den Roman. Einerseits.

Andererseits hat „Halbschatten" ein großes Problem: die Sprache. Die Toten können sich gegen das, was der Autor ihnen in den Mund legt, nicht wehren, und der Authentizitätsdruck, den die Sprechrollen zwangsläufig ausüben, führt zu recht kuriosen Auswüchsen. „Mögen Sie eine Pastille? Danke. Emser Pastillen hat schon Bismarck gelutscht, sagt eine spröde Stimme und dann noch etwas. Was hat er gesagt? Man versteht ihn schlecht. Ja, hat auch den Mund voll Erde." Das ist nicht komisch, sondern ziemlich albern. Und wenn an anderer Stelle ein Wispern aufkommt, vom Ostwind angefacht, dann ist das die Asche, die sich dort abgelagert hat. An diesem einen Punkt gerät Timms ansonsten erstaunlich pathosresistente Prosa in Kitschnähe. Es wäre ungerecht, einem wagemutigen Unternehmen wie „Halbschatten" Walter Kempowskis „Echolot"-Projekt entgegenzuhalten, und doch: Von dessen Wucht ist der Stimmensammler Uwe Timm weit entfernt.

URL: http://www.taz.de/1/archiv/digitaz/artikel/?ressort=ku&dig=2008%2F08%2F23%2Fa0018&cHash=400aad7cd4, erschienen 2008. Aufruf: 23.02.2015

- *Lesen Sie die Rezension „Hier spricht Deutschland" vom 23.08.2008 aus der „Tageszeitung". Stellen Sie die positiven und negativen Aspekte des Romans, die der Rezensent benennt, tabellarisch gegenüber.*
- *Nehmen Sie kritisch zu der Position des Rezensenten Stellung.*

Klausurvorschlag

Name:	Schule:	Fachlehrer:
Kurs:	Arbeitszeit:	

Thema der Unterrichtsreihe: „Halbschatten" von Uwe Timm

Aufgabenart: Analyse eines literarischen Textes (mit weiterführendem produktionsorientiertem Schreibauftrag)

Textgrundlage:

S. 159 Mitte („Es war schon weit nach Mitternacht ...") bis S. 164 unten („... ein sehr schweres Andenken. Ja.") aus dem Roman „Halbschatten" von Uwe Timm

Aufgaben:

Analysieren Sie die angegebenen Seiten besonders vor dem Hintergrund des Charakters der Figur Christian von Dahlem und der Beziehung von Marga und von Dahlem.
Schreiben Sie anschließend in einem inneren Monolog auf, welche Gedanken Marga wohl zu dem Gespräch durch den Kopf gegangen sein könnten.

Hinweise

- Nehmen Sie sich ausreichend Zeit für die Vorbereitung (Textbearbeitung, Stichworte, Gliederung der Analyse etc.) und die Nachbereitung der Verschriftlichung (sorgfältiges Überprüfen von sprachlicher Richtigkeit und Gedankenführung).
- Bedenken Sie, dass die sprachliche Darstellungsleistung (Struktur, Ausdruck, Satzbau, Zitierweise sowie formale Richtigkeit) einen hohen Anteil der Bewertung ausmacht.

Erlaubte Hilfsmittel

- Deutsches Wörterbuch
- Timm, Uwe: Halbschatten. dtv. München 2010

Viel Erfolg!

Bewertungsbogen für ____________________

VERSTEHENSLEISTUNG

Teilaufgabe 1 **Die Schülerin/der Schüler**	**Maximale Punktzahl**	**Erreichte Punktzahl**
formuliert eine **funktionalisierte Einleitung**: • Autor, Titel, Entstehungszeit, Epoche, Gattung, zentrales Thema, intentionale Aspekte (z. B. historische Umbrüche, Motiv des Fliegens, Subjektivität der Erinnerungen) • kurze Einführung in den Inhalt des Romans unter besonderer Berücksichtigung der Figuren Marga von Etzdorf und Christian von Dahlem	4	
zeigt die **Struktur** der Textstelle auf (Gliederung): • Erzählung aus der Sicht von Marga über die gemeinsame Nacht, wörtliche Wiedergabe des Gesprochenen nach Mitternacht • Wetter kann symbolisch verstanden werden • von Dahlem berichtet über einen Einsatz im 1. Weltkrieg, bei dem er als Pilot direkten Kontakt zu einem englischen Gegner bekam • der gegnerische Pilot stirbt vor den Augen von Dahlems, springt aus seinem brennenden Flugzeug in den Tod • von Dahlem selbst überlebt das Gefecht nur, weil ein Splitter von seinem Zigarettenetui aufgehalten wird • das Etui ist für ihn heute noch ein Andenken an den Kampf, der besonders von Respekt und Mitleid für den gefallenen Soldaten der Engländer geprägt ist und somit auch belastend ist • für Marga ist das Überleben von Dahlems „der schöne Zufall Leben", für ihn der „blinde sinnlose Zufall Leben" (S. 164)	3	
arbeitet wesentliche **Charakterzüge Christian von Dahlems** heraus: • distanziert zu Marga, öffnet sich aber freundschaftlich (hat z. B. eben von einer Affäre mit einer anderen Frau berichtet) • Kriegserlebnis als einschneidender Punkt in seinem Leben • Erinnerung als traumatisches Bild, das er nicht vergessen kann („Bild, mit dem ich lebe", S. 164), es erklärt seine Ablehnung von Schauflügen • hat bereits viele Erfahrungen, wirkt kosmopolitisch • offenbar emotional sehr berührt (macht lange Pausen, z. B. auf S. 164) • anderes Bild vom Fliegen als Marga • freundlich (überlässt ihr die letzte Zigarette und wird ihr später sogar dieses symbolische Etui schenken)	12	
analysiert und erläutert die **Beziehung zwischen Christian von Dahlem und Marga von Etzdorf:** • Christian von Dahlem öffnet sich vertrauensvoll, bleibt aber distanziert • kein körperlicher Kontakt, Nacht wird getrennt hinter einem Vorhang verbracht • Marga versucht etwas unbeholfen, Intimität herzustellen (S. 164) • Gespräch ist zwar sehr persönlich und von Dahlem öffnet sich, empfindet aber keine Liebe zu Marga • das Schenken des Etuis wird von beiden sehr unterschiedlich gedeutet	12	
analysiert die **erzählerische Gestaltung** des Textauszuges: • Wiedergabe der direkten Rede der Person Marga • Christian von Dahlem kommt nicht zu Wort, ist kein Toter auf dem Invalidenfriedhof, seine Worte werden nur indirekt von Marga wiedergegeben • viele Phasen der Ruhe, die Marga benennt und die auch durch den Absatz auf S. 164 deutlich werden	7	

Teilaufgabe 1 Die Schülerin/der Schüler	Maximale Punktzahl	Erreichte Punktzahl
analysiert die **sprachlich-stilistische Gestaltung** des Textauszuges: • Schilderung des Wetters (Ruhe mit einzelnen Tropfen) kann symbolisch gedeutet werden • Zigarettenetui mehr als nur ein Gegenstand, er symbolisiert zunächst die Kriegserfahrungen von Dahlems, später Margas unerfüllte Liebe • Gespräch wird sehr ruhig und getragen wiedergegeben, die Personen erscheinen nicht emotional oder aufgewühlt, sondern eher in sich gekehrt zu sein, die Trennung durch den Vorhang verstärkt diesen Eindruck, gerade bei von Dahlem wirken die Erzählungen wie Selbstgespräche	7	
erfüllt ein weiteres aufgabenbezogenes Kriterium (5)		
Summe 1. Teilaufgabe	**45**	

Teilaufgabe 2 Die Schülerin/der Schüler	Maximale Punktzahl	Erreichte Punktzahl
stellt klare **Bezüge zu den Themen des Gesprächs** und der Situation her: • Marga liegt seit Stunden hinter dem Vorhang, während der Mann, in den sie sich verliebt hat, mit ihr spricht • von Dahlem berichtet über seine Flugerfahrungen, die keinesfalls die Faszination spiegeln, die Marga empfindet • von Dahlem berichtet über grausame Erfahrungen, die auch Marga erschrecken • Marga hat Verständnis für die Last, die von den Bildern, die von Dahlem nicht aus dem Kopf bekommen kann, ausgehen	7	
arbeitet die **Haltung Margas** zu Christian von Dahlem heraus: • von Dahlem vertraut ihr Intimitäten an, das schmeichelt ihr auf der einen Seite, auf der anderen Seite wird auch deutlich, dass er sich freundschaftlich öffnet (so hat er ihr soeben von einer Affäre mit einer anderen Frau berichtet) • von Dahlem hat ein völlig anderes Verhältnis zur Fliegerei als Marga • von Dahlem geht nicht auf ihre Anspielungen zu Annäherung ein	12	
formuliert nach den **Merkmalen eines inneren Monologes:** • in der Form der 1. Person Singular • im Präsens • im sprachlichen Stile der Figur Meno Rohde (z. B. ohne Umgangssprache, eher poetisch im Stile seiner Tagebücher)	5	
Summe 2. Teilaufgabe	**27**	
Summe Inhaltsleistung	**72**	

Darstellungsleistung

Anforderungen Die Schülerin/der Schüler	Maximale Punktzahl	Erreichte Punktzahl
strukturiert ihren/seinen Text kohärent, schlüssig, stringent und gedanklich klar: • angemessene Gewichtung der Teilaufgaben in der Durchführung • gegliederte und angemessen gewichtete Anlage der Arbeit • schlüssige Verbindung der einzelnen Arbeitsschritte • schlüssige gedankliche Verknüpfung von Sätzen	6	

Anforderungen Die Schülerin/der Schüler	Maximale Punktzahl	Erreichte Punktzahl
formuliert unter Beachtung der fachsprachlichen und fachmethodischen Anforderungen: • Trennung von Handlungs- und Metaebene • begründeter Bezug von beschreibenden, deutenden und wertenden Aussagen • Verwendung von Fachtermini in sinnvollem Zusammenhang • Beachtung der Tempora • korrekte Redewiedergabe (Modalität)	6	
belegt Aussagen durch angemessenes und korrektes Zitieren: • sinnvoller Gebrauch von vollständigen oder gekürzten Zitaten in begründeter Funktion	3	
drückt sich allgemeinsprachlich präzise, stilistisch sicher und begrifflich differenziert aus: • sachlich-distanzierte Schreibweise • Schriftsprachlichkeit • begrifflich abstrakte Ausdrucksfähigkeit	5	
formuliert lexikalisch und syntaktisch sicher, variabel und komplex (und zugleich klar).	5	
schreibt sprachlich richtig.	3	
Summe Darstellungsleistung	28	

BEWERTUNG	Maximale Punktzahl	Erreichte Punktzahl
SUMME INSGESAMT	100	

Kommentar:

Die Arbeit wird mit der Note ________________________________ beurteilt.

Datum:

Unterschrift:

Bewertungsschema

Note	Punkte	erreichte Punktzahl
sehr gut plus	15	100–95
sehr gut	14	94–90
sehr gut minus	13	89–85
gut plus	12	84–80
gut	11	79–75
gut minus	10	74–70
befriedigend plus	9	69–65
befriedigend	8	64–60

Note	Punkte	erreichte Punktzahl
befriedigend minus	7	59–55
ausreichend plus	6	54–50
ausreichend	5	49–45
ausreichend minus	4	44–39
mangelhaft plus	3	38–33
mangelhaft	2	32–27
mangehaft minus	1	26–20
ungenügend	0	19–0

Mögliche Themen für Klausuren, Facharbeiten oder Referate

Klausurvorschläge

- Text: S. 159 Mitte („Es war schon weit nach Mitternacht …") bis S. 164 unten („… ein sehr schweres Andenken. Ja.") aus dem Roman „Halbschatten" von Uwe Timm
  Aufgaben: Analysieren Sie die angegebenen Seiten besonders vor dem Hintergrund des Charakters der Figur Christian von Dahlem und der Beziehung von Marga und von Dahlem. Schreiben Sie anschließend auf, welche Gedanken Marga wohl zu dem Gespräch durch den Kopf gegangen sind.

- Text: S. 93–94
  Aufgaben: Analysieren Sie das Gespräch zwischen dem Ich-Erzähler und dem Grauen. Gehen Sie dabei besonders auf die Erzählperspektive und die autobiografischen Elemente Uwe Timms ein.

- Text: http://www.tagesspiegel.de/kultur/literatur/literatur-erloesung-ueber-den-wolken/1316364.html, Zugriff am 16.12.2014, erschienen am 04.09.2008 (in diesem Unterrichtsmodell als Zusatzmaterial 6 abgedruckt)
  Aufgaben: Fassen Sie den Text in seinen zentralen Thesen zusammen und stellen Sie – ausgehend von Textbelegen – dar, in welchen Elementen der Roman „Halbschatten" autobiografisch ist. Beurteilen Sie, ob ihm die Umsetzung dieser Elemente – basierend auf Ihrem historischen Wissen und dem Wissen um den Autor Uwe Timm – gelungen ist.

Themen für Facharbeiten oder Referate

- Uwe Timm und sein Verhältnis zu seinem Vater – ist von Dahlem ein Gegenentwurf zu Christian von Dahlem? (Erarbeitung unter Einbeziehung des Romans „Am Beispiel meines Bruders" von Uwe Timm)

- Das Motiv des Flugzeuges und des Fliegens im Roman „Halbschatten"

- Das Motiv japanischer Gefäße und Scherben im Roman „Halbschatten"

- Die Bedeutung des Einstiegszitats von W. Shakespeare aus „The Tempest" als intertextueller Verweis

- Die Bedeutung der Aufführung der „Minna von Barnhelm" vor den Soldaten (S. 59) als intertextueller Verweis

- Erstellen einer literarischen Führung auf dem Invalidenfriedhof für Leser des Romans von Uwe Timm

Literaturverzeichnis

Primärtext

- Timm, Uwe: Halbschatten. Dtv 13848. München 2010

Sekundärtexte

- Anz, Thomas: Literaturkritik als (Neben-)Beruf: Information und Anleitung zur Praxis. In: Anz, Thomas und Rainer Baasner (Hrsg.): Literaturkritik. Geschichte – Theorie – Praxis. München 2004, S. 226–228
- Anz, Thomas: Theorien und Analysen zur Literaturkritik und zur Wertung. In: Anz, Thomas und Rainer Baasner (Hrsg.): Literaturkritik. Geschichte – Theorie – Praxis. München 2004, S. 195
- Dederichs, Mario R.: Heydrich. München 2005
- Demps, Laurenz u. a.: Invalidenfriedhof. Ein Friedhofsführer. Berlin 2003
- Diekhans, Johannes (u. a.): P.A.U.L. D. – Persönliches Arbeits- und Lesebuch Deutsch. Oberstufe: Schülerband. Paderborn 2013, S. 536–538
- Hielscher, Martin: Uwe Timm. dtv portrait 31081, München 2007
- Kilb, Andreas: Ein deutsches Requiem. Uwe Timms Roman Halbschatten. In: Kutzmutz, Olaf (Hrsg.): Uwe Timm – lauter Lesarten. Beiträge zur Poetik der Gegenwartsliteratur. Wolfenbüttel 2009, S. 70–79
- Kilb, Andreas: Wenn wir Toten fliegen. Uwe Timms Roman „Halbschatten“. Frankfurter Allgemeine Sonntagszeitung vom 31. August 2008, S. 25
- Malchow, Helge (Hrsg.): Der schöne Überfluss. Texte zu Leben und Werk von Uwe Timm. Köln 2005
- Probst, Ernst: Marga von Etzdorf. Die tragische deutsche Fliegerin. GRIN – Verlag für akademische Texte. Nr. V145178. Norderstedt 2010
- Scheitler, Irmgard: Deutschsprachige Gegenwartsprosa seit 1970. Tübingen und Basel 2001, S. 9 f.
- Timm, Uwe: Erzählen und kein Ende. Köln 1993
- Wilpert, Gero von: Sachwörterbuch der Literatur. 7., verbesserte und erweiterte Auflage. Stuttgart 1989, S. 769

Zeitungsartikel/Internetquellen

- http://www.fr-online.de/literatur/literatur-kunstvolles-mosaik,1472266,3101058.html, Zugriff am 13.11.2014
- http://www.spiegel.de/spiegel/spiegelspecial/d-60746665.html, Zugriff am 13.11.2014
- http://www.dtv.de/_autorenseiten/timm/fs_bio.htm, Zugriff am 15.12.2014
- http://www.tagesspiegel.de/kultur/literatur/literatur-erloesung-ueber-den-wolken/1316364.html, Zugriff am 16.12.2014, erschienen am 04.09.2008
- http://www.faz.net/aktuell/feuilleton/buecher/rezensionen/belletristik/uwe-timm-halbschatten-seufzen-und-sausen-1831626–p2.html, Zugriff am 30.12.2014
- http://www.nzz.ch/aktuell/feuilleton/_buchrezensionen_nichtmehrgueltig/zwischen-himmel-und-hoelle-1.839581, Zugriff am 31.12.2014
- http://www.taz.de/1/archiv/digitaz/artikel/?ressort=ku&dig=2008%2F08%2F23%2Fa0018&cHash=400aad7cd4, Zugriff am 31.12.2014
- http://www.zeit.de/2008/42/L-Timm, Zugriff am 10.02.2015